DIE KRAFT DER STEINE

[redacted]

von Edith Schaufelberger-Landherr

21. Auflage

Text und Gestaltung: Edith Schaufelberger-Landherr
Idee und Realisation: Georg Schaufelberger

Fotos: Hafner, Cham
Druck: Heller-Druck, Cham

Generalvertrieb Schweiz:
Georg Schaufelberger
Edelsteine und Mineralien
Bösch 43 · CH-6331 Hünenberg
Telefon 042 - 36 08 63
Fax 042 - 36 75 74

VORWORT

Liebe Leserinnen und Leser

Ich möchte Ihnen mit unserem Buch eine Informationsquelle liefern, die Ihnen den Umgang mit den Edelsteinen erleichtern soll. Das Wissen um die heilenden Schwingungen und die Kraft der Edelsteine und Kristalle ist schon sehr alt. Wir können dies bis ins 8. Jahrhundert zurückverfolgen. Eine der ersten Vorkämpferinnen, die Heilige Hildegard von Bingen, heilte mit Edelsteinen viele Menschen.

In der heutigen Zeit öffnet sich nun wieder die Möglichkeit, die Kräfte der Edelsteine bewusst kennenzulernen und anzuwenden. Da jeder Stein seine eigene Farbschwingung hat, können damit unsere Energiezentren – Chakren – unterstützt werden.

Aus Erfahrung wissen wir, dass die Steine viel und ganz natürliche Hilfe bringen können. Selbst bei Menschen die nicht daran glauben, schenken die Edelsteine ihre Hilfe, sei dies durch Tragen auf dem Körper oder durch Aufstellen eines Steins im Raum. Unserer Meinung nach bietet die Edelstein-Behandlung eine Alternative zur Medizin. Täglich dürfen wir miterleben, wie Ärzte, Krankenschwestern und Therapeuten immer mehr mit Edelsteinen arbeiten, als Unterstützung ihrer Therapien. Ich möchte Sie, liebe LeserInnen und Leser aber ausdrücklich darauf hinweisen, dass Edelsteine *einen Arzt nicht ersetzen können, ihn aber sehr wirksam unterstützen.* Es ist mir bewusst, dass auch nach der Lektüre meines Ratgebers immer noch Fragen offen bleiben.

Deshalb, wenn Ihnen etwas nicht klar ist, bitte fragen Sie uns: wir sind stets für Sie da. In diesem Sinne wünscht Ihnen das gesamte Team der Boutique Tillandsia gute Heilung und weiterhin alles Liebe und Gute.

Cham, im Oktober 1992

Edith Schaufelberger-Landherr

EINLEITUNG

In einer Zeit, in der die Umweltbelastungen dem menschlichen Organismus immer massiver zusetzen, ist es wichtig zu wissen, dass unsere Mutter Erde uns viele faszinierende, farbenfrohe und vor allem natürliche Helfer mit auf unseren Lebensweg gegeben hat. Mir scheint es in der heutigen hochtechnisierten Welt wichtiger denn je, dass wir vermehrt wieder auf natürliche, chemiearme und ungefährliche Therapien zurückgreifen. Es ist schön mitzuerleben, wie der Kreis der Menschen, die auf Alternativmedizin ausweichen, von Tag zu Tag grösser wird.

Auch Sie, liebe Leserinnen und Leser, werden mit einigen davon sicher schon Kontakt gehabt haben. Farbtherapie, Bachblüten, Edelstein-Therapien, Reiki, Aromatherapie, Akupressur und noch vieles mehr begleiten uns heute auf eine sanfte, natürliche Art und Weise. Ich möchte Ihnen liebe Leserinnen und Leser, nur eine davon näher bringen – die Arbeit mit Edelsteinen und Mineralien.

Die Liebe und die Faszination zu den Steinen allgemein, steckt schon seit unserer Kindheit in uns. Ich glaube, dass jeder von uns irgendwann einmal von den «Steinen» auf ihre eigene Art angezogen worden ist. Krankheiten entstehen durch Energieblockaden. Edelsteine und Mineralien haben die Fähigkeit, diese Energieblockaden zu lösen und unsere Lebensenergie wieder gleichmässig ruhig fliessen zu lassen.

Dieses Wissen ist so alt wie die Menschheit selbst. Unzählige Überlieferungen und Berichte zeugen von einem hohen Wissensstand im täglichen Umgang mit Edelsteinen. Schon die Lemurianer und die Atlanter verstanden es, mit den Edelsteinen im täglichen Leben umzugehen. Nicht allein als Helfer, sondern auch als Zahlungsmittel und Werkzeug wurden sie verwendet. Missbrauch und bewusste Fehleinsetzungen führten schon bald wieder zum teilweisen Verlust dieses «Wissens».

Doch zu unserem Glück haben uns einige «Ausgewählte» diese Wissenskraft überliefert. Gerade in den Edelsteinen steckt eine enorme Urkraft, Energie und eine reine Ausstrahlung. Sie werden sich jetzt fragen: Wie können Steine uns beim «Gesundwerden» helfen? Edelsteine tendieren stets darauf, «Heil»ung wieder herzustellen auf einer Basis der Prinzipien von Resonanz, Harmonie und Schwingungsausgleich.

Edelsteine, vom atomaren Aufbau her sicherlich etwas vom Perfektesten auf dieser Welt, gelten als Träger hochstehender Energien. Diese Energien geben sie ab; wir Menschen sind fähig, diese Kraft aufzunehmen und mit ihr zu arbeiten. Die Edelstene arbeiten auf unserer «Gesamtebene»!

Das heisst: Physisch-organisch, direkt in unserem feinstofflichen Organismus, aber auch im emotional-psychischen Bereich. Die Kraft der «Steine» ist immer auf eine ganzheitliche «Heilung» unseres Körpers und unserer Seele ausgerichtet. Stets arbeiten die Kräfte der Edelsteine gegen alle krankmachenden Disharmonien in uns, so kann der Mensch mit den Schwingungen der Edelsteine eine völlige Harmonie von Körper und Geist erreichen.

Edelsteine regen die Gesundwerdung im physischen Körper durch Schwingungs-Resonanz und Harmonie an. Krankheiten haben ein instabiles Schwingungsmuster im physischen Körperbereich. Durch die Übertragung von Edelsteinschwingungen kann eine gewisse Stabilität dieser Veränderungen in uns erreicht werden.

Edelsteine übertragen uns reinstes Licht:

LICHT IST LEBEN – LEBEN IST LICHT

Ein Edelstein wirkt immer durch drei ganz bestimmte Aspektpunkte auf uns ein:

- geistig-spirituell
- physisch-organisch
- psychisch-mental

Dieses Faktum ist ein entscheidendes Element, das die «ganzheitliche Heilung» durch die Edelsteine ausmacht. Durch die Arbeit mit den «steinernen Helfern» erlangen wir wieder ein physisches und psychisches Gleichgewicht und die Harmonie, die unser Körper und unsere Seele benötigt. Edelsteintherapie ist für Jedermann/-frau geeignet und völlig ungefährlich. Wenn wir von einer Farbe oder einem Edelstein angezogen werden, dann geht von diesem Stein eine positive Wirkung auf uns aus. Und durch eine positive Einstellung sehen und arbeiten wir ganz anderweitig mit unserer Krankheit.

Mit einer positiven Lebenseinstellung lassen Sie «der Krankheit» keine Chance!

Eines muss ich an dieser Stelle jedoch nochmals betonen. Edelsteine helfen und unterstützen Sie bei der Arbeit gegen die Krankheit. Eines können sie jedoch nicht: SIE ERSETZEN KEINEN ARZT. Bei jeder Anwendung von Steinen sollten Sie eines bedenken. Edelsteine vollbringen wie andere natürliche Methoden keine Wunder! Manchmal kann es geschehen, dass ein Stein nicht helfen kann. Selbst dann nicht, wenn er auf der Liste für bestimmte Krankheiten steht. Denken Sie vor allem bei schweren Krankheiten an diese Tatsache.

ACHAT

Allgemeines:
Der Achat ist ein feinfaseriges Quarzaggregat aus der Gruppe der Chalcedone. Seine Farben sind meist blau, grau, braun, beige bis rosa. Seinen Ursprung hat der Achat vorwiegend in Brasilien, BRD, Mexiko und den USA.

Wirkung auf den Körper:
Der Achat hilft bei Augenkrankheiten und Augenschwäche. Er ist aufbauend für alle Organe, die der Fortpflanzung dienen. Er beschützt das neu werdende Leben, daher ist der Achat ein sehr guter Stein in der Schwangerschaft. Auch bei Kopfschmerzen, Krämpfen und Rückenschmerzen ist er gut. Bei Epilepsie, Erkrankung der Nieren, des Darms und bei Prostata, Wallungen und bei Schwellungen kann man den Achat ebenfalls einsetzen. Er stärkt die Lunge, den Magen, die Leber und das Gehirn und regt die Verdauung an. Er ist sprachfördernd.

Wirkung auf die Psyche:
Seine Schwingungen lösen die Blockaden und Stauungen in unserem Körper. Er hält negative Energien von uns fern. Am besten stellt man ihn in der Wohnung auf, somit hält er das Böse fern.

Sternzeichen:
Der Achat wird dem Stier und dem Skorpion zugeschrieben.

Chakra-Anordnung:
Am besten geeignet für das Sakral-Chakra, hier sollten Sie einen orangen Achat verwenden.

Besonderheiten:
Bei Ermüdung oder Überbeanspruchung der Augen können Sie jeden Tag, während zirka 10 bis 20 Minuten, eine Achatscheibe auf die Augenlider legen.

Angebot und Pflege:
Im Handel erhältlich als Rohstein, Handschmeichler, Anhänger und als Schmuck. Der Achat gehört zu den pflegeleichten Steinen, einmal wöchentlich unter fliessendem Wasser entladen, wenn möglich an der Sonne neu aufladen.

AMAZONIT

Allgemeines:
Der Amazonit ist ein grünblauer Kalifeldspat, dessen farbgebende Substanz Kupfer ist. Seine Herkunft: USA, Madagaskar, GUS, Südwestafrika und Brasilien.

Wirkung auf den Körper:
Der Amazonit wirkt besonders bei Schmerzen im Solar-Plexus-Bereich und bei Herzbeschwerden. Er stärkt das Gehirn, die Nerven und die Nervenverbindungen. Da er sehr beruhigend wirkt, kann er auch Verspannungen im Rücken- und Nackenbereich lösen. Er nimmt auch einen positiven Einfluss bei Depressionen. Auch für schwangere Frauen eignet er sich sehr gut.

Wirkung auf die Psyche:
Er gibt uns Lebenskraft und Schwung.

Sternzeichen:
Dem Wassermann soll der Amazonit Vitalität verleihen.

Chakra-Anordnung:
Diesen bläulich-grünen Stein brauchen wir vorwiegend für das Herz-Chakra. Aber auch für das Hals-Chakra kann man ihn verwenden.

Besonderheiten:
Bei Rücken- oder Nackenschmerzen und Verspannungen fahren Sie mit einem Amazonit über die schmerzenden Stellen. Machen Sie dies mehrmals am Tag in entspannter Haltung.

Angebot und Pflege:
Erhältlich als Handschmeichler, Schmuck und Anhänger. Pflegeleicht, einmal wöchentlich unter fliessendem Wasser entladen.

AMETHYST

Allgemeines:
Der Amethyst ist ein lila-violetter Quarzkristall Seine Farbe erhält er durch Mangan, Eisen und Titan. Seine Herkunft: meist Brasilien, Madagaskar, Uruguay und aus dem Ural.

Wirkung auf den Körper:
Der Amethyst wirkt besonders gut bei Kopfweh und Migräne, sowie bei nervlich bedingten Schmerzen und Verspannungen. Er kräftigt aber auch unseren Allgemeinzustand. Er stärkt und stützt die Drüsen, Hormone und regt den Stoffwechsel an. Auch bei Diabetes ist der Amethyst ein guter Helfer. Er bewahrt uns vor Schlaflosigkeit und Unruhe, sowie vor Alpträumen.
Er lässt uns den Stress und die damit verbundenen Probleme besser verarbeiten. Speziell geeignet ist er in dieser Hinsicht für Kinder, die zu Zorn- und Wutausbrüchen neigen. Er hilft bei Legasthenie, Hysterie, Angstneurosen, Epilepsie und irregulären Geistesreaktionen. Er lindert psychisch bedingte Schwindel, Seh- und Koordinationsstörungen. Er hilft bei niedrigem Blutdruck, bei Blutarmut und bei Erkrankungen des Blutes.

Wirkung auf die Psyche:
Der Amethyst ist ein hervorragender Stein zur Meditation und Konzentration. Er stärkt unseren Willen und schützt unsere spirituellen Verbindungen. Er bindet Freundschaften und zieht das Recht an. Er bringt Trost, Stärke, Freude und Mut.

Sternzeichen:
Der Amethyst wird dem Zeichen des Fisches, des Widders und des Schützen zugeteilt. Nach dem Indianischen Horoskop der Jungfrau.

Charkra-Anordnung:
Der Amethyst ist ganz besonders für das Scheitel-Chakra geeignet.

Besonderheiten:
Bei Störungen der Bauchspeicheldrüse und bei Bluterkrankungen können Sie einen Amethyst über Nacht in ein Glas Wasser (zirka 1 dl) einlegen und das Wasser morgens nüchtern trinken.

Angebot und Pflege:
Der Amethyst ist als Rohstein, Handschmeichler, Anhänger, Py-Scheibe und als Schmuck im Handel erhältlich. Pflegeleichter Stein; zirka ein- bis zweimal im Monat unter fliessendem Wasser entladen.

AQUAMARIN

Allgemeines:
Der Aquamarin gehört zu den Beryllen. Seine farbgebende Substanz ist Eisen. In Brasilien, Madagaskar und der GUS sind die bedeutendsten Vorkommen.

Wirkung auf den Körper:
Der Aquamarin ist speziell gut für die Atemwege, bei Bronchitis, für die Lunge und den Halsbereich. Er schützt vor Erkältungen und Kehlkopfentzündungen und stärkt die Stimmbänder. Er kräftigt das Herz und bewahrt vor Herzinfarkten. Er stärkt das gesamte Immunsystem und die Thymusdrüse. Der Aquamarin ist auch gut bei Allergien und bei tränenden Augen, für die Nerven, Schilddrüsen und Lymphdrüsen. Auch bei Erkrankung des Blutes ist der Aquamarin einsetzbar.

Wirkung auf die Psyche:
Der Aquamarin stärkt unsere Ausdruckskraft und gibt uns Klarheit. Deshalb ist er ein sehr guter Begleiter für Künstler, Musiker, usw.

Sternzeichen:
Er wird dem Zeichen des Wassermanns, des Fisches, der Waage und auch dem des Zwillings zugeteilt.

Chakra-Anordnung:
Ganz besonders für das Hals- und Kehl-Chakra geeignet.

Besonderheiten:
Wenn Sie Hautallergien haben, legen Sie einen Aquamarin in eine saubere Glasschale (zirka ein Drittel mit Wasser gefüllt), und lassen Sie das Ganze während der Nacht zugedeckt stehen, und reinigen Sie die befallenen Stellen mehrmals täglich mit diesem Wasser – nicht reiben.

Angebot und Pflege:
Im Handel als Rohstein, Handschmeichler, Anhänger und als Schmuck erhältlich. Wenn Sie den Stein für Waschungen brauchen, ist es ratsam, ihn jeden Tag zu entladen. Als Kette getragen reicht eine Reinigung alle 14 Tage. Der Aquamarin liebt die Sonne – also nicht vergessen, ihn ab und zu an ihr aufzuladen.

AVENTURIN

Allgemeines:
Der Aventurin ist ein graugrünes Quarzaggregat, dessen farbgebende Substanz Chrom-Glimmer ist. Der Stein stammt vorwiegend aus Brasilien, der GUS (Ural, Sibirien) und Indien.

Wirkung auf den Körper:
Am wirkungsvollsten ist der Aventurin bei Ekzemen, Hautallergien, Allergien und bei unreiner Haut oder Akne. Aber auch bei Augenerkrankungen und Haarausfall, sowie bei Schuppenbefall eignet er sich. Durch seine sanften Schwingungen kann er Probleme im Bereich des Herzens und des gesamten Nervensystems beheben.

Wirkung auf die Psyche:
Der Aventurin gibt uns innere Ruhe und Gelassenheit, er gibt uns Humor, Heiterkeit und die nötige Geduld, unser Leben zu meistern.

Sternzeichen:
Der Aventurin wird dem Zeichen des Stiers, des Krebses und des Schützen zugeschrieben.

Chakra-Anordnung:
Er wird vor allem für das Herz-Chakra verwendet.

Besonderheiten:
Bei Hautausschlägen und Ekzemen, sowie bei Akne können Sie einen Aventurin in eine Schale mit Wasser legen (über Nacht). Reinigen Sie die betroffenen Stellen damit. Dieses Heilwasser kann noch mit einem Peridot verstärkt werden. Die kranken Hautstellen nicht reiben, nur abtupfen.

Angebot und Pflege:
Meist als Rohstein, Handschmeichler, Anhänger und als Schmuck erhältlich. Der Aventurin ist pflegeleicht, zweimal monatlich unter fliessendem Wasser entladen, reicht. Der Aventurin liebt das Licht, legen Sie ihn deshalb öfters mal an die Sonne.

AZURIT

Allgemeines:
Der Azurit ist ein tiefblauer, sehr spröder Stein. Sein Ursprung ist mehrheitlich Australien, USA und Frankreich.

Wirkung auf den Körper:
Der Azurit kann die Heilung nach operativen Eingriffen beschleunigen. Er vermag körperliche Blockaden und Stauungen aufzuheben. Er ist sehr stark für das Zentral-Nervensystem, die Nerven allgemein und zur Stärkung der Konzentration. Zudem festigt er die Gelenke, die Knochen und stärkt den Kreis-lauf.

Wirkung auf die Psyche:
Der Azurit hilft uns, unsere Gedanken zu sammeln und dadurch Altes loszulassen und Neues in Angriff zu nehmen. Er ist gut zur Meditation, denn er erleichtert unsere Erkenntnis, und so sehen wir konkreter, was unsere eigentliche Aufgabe ist.

Chakra-Anordnung:
Den Azurit kann man für alle Chakren einsetzen, aber am hervorragendsten eignet er sich für das Stirn-Chakra, er öffnet das dritte Auge.

Besonderheiten:
Da der Azurit sehr gut zur Konzentrationstärkung ist, sollten Studierende und geistig arbeitende Menschen sich einen Stein aufs Pult oder den Schreibtisch legen, damit Ihre Gedankengänge locker und leicht fliessen.

Angebot und Pflege:
Soweit uns bekannt ist, gibt es den Azurit nur als Rohstein. Pflege: Den Azurit nicht mit Wasser entladen, sondern im tockenen Meersalz einmal monatlich baden. Er ist sehr brüchig. Nicht zu lange an der Sonne aufladen. Empfehlung: nicht länger als eine Stunde.

AZURIT-MALACHIT

Allgemeines:
Hierbei handelt es sich um eine Laune der Mutter Natur, denn Sie hat es fertiggebracht, zwei sehr schöne und wirksame Steine zu verbinden; den Azurit und den Malachit. Diese Verbindung ist jedoch äusserst selten, daher ist der Preis dieses Steins auch entsprechend hoch. Herkunft wie beim Azurit.

Wirkung auf den Körper:
Der Azurit-Malachit stärkt Leber, Galle, Wirbel und die Thymusdrüse. Er ist gut bei Magengeschwüren und im Krebs-Vorstadium. Er festigt das Muskelsystem und gibt eine gesunde Haut.

Wirkung auf die Psyche:
Der Azurit-Malachit hilft bei Angst und Stimmungsschwankungen. Er lehrt uns, mit uns und anderen mehr Geduld und Disziplin zu haben. Zudem kann der Azurit-Malachit unsere Träume stärker an den Tag bringen, egal ob angenehm oder nicht.

Chakra-Anordnung:
Azurit-Malachit eignet sich für das Stirn-Chakra.

Angebot und Pflege:
Da dieser Stein sehr spröde und zerbrechlich ist, empfehlen wir Ihnen, ihn nicht zu lange an die Sonne zu legen und nicht im Wasser zu entladen, sondern im trockenen Meersalz. Erhältlich als Handschmeichler, Anhänger und Schmuck.

BAUMQUARZ

Allgemeines:
Meist beige-braunes, verkieseltes, versteinertes Holz, entweder aus faserigem Chalcedon, körnigem Jaspis oder amorphem Opal.

Wirkung auf den Körper:
Der Baumquarz hilft bei Arthritis, Arterienverkalkung und Rheuma. Er gibt Vitalität und Lebenskraft, stärkt das Nervensystem, das Herz und die Milz.

Wirkung auf die Psyche:
Der Baumquarz gibt uns Mut und Kraft, mit ihm können wir Stress-Situationen besser und ausgewogener verkraften.

Angebot und Pflege:
Uns ist der Baumquarz nur als Rohstein, Handschmeichler und als kunstgewerbliche Gegenstände bekannt. Einmal monatlich unter fliessendem Wasser entladen.

BERGKRISTALL

Allgemeines:
Der Bergkristall ist ein durchsichtiger, farbloser Quarzkristall. Seine Fundstellen sind weltweit vorhanden.

Wirkung auf den Körper:
Schon die Heilige Hildegard von Bingen arbeitete mit dem Bergkristall. Sie empfahl ihn bei Schilddrüsen-Erkrankungen und Augenleiden. In der heutigen Zeit ist über ihn weit mehr bekannt. So setzen wir ihn sehr gerne bei Rückenschmerzen, Bandscheibenproblemen und Diskushernie ein – am besten sogar mit dem Bernstein kombiniert. Im weiteren ist er gut für das Herz, die Lymphe, die Drüsen und den Kreislauf. Er stärkt die Lunge, die Augen und hilft bei vielen Augenleiden. Er beruhigt das ganze Nervensystem, stärkt die Zirbeldrüse und gibt uns Kraft und Vitalität. Der Bergkristall hilft aber auch bei Kopfschmerzen, Darm- und Verdauungsproblemen und hilft zusammen mit dem Magnesiten und dem roten Jaspis bei Übergewicht. Er löst die Energieblockaden in unserem Körper.

Wirkung auf die Psyche:
Der Bergkristall ist ein idealer Stein zur Meditation. Als kraftvoller Energiestein, nimmt er aber auch alle störenden Energien in unseren Wohn-, Schlaf- und Arbeitsräumen auf und vermittelt uns dadurch Ruhe und Harmonie. Er kann alle emotionalen Blockaden lösen und uns Ausgeglichenheit, Ausdrucksfähigkeit und Schutz vermitteln. Der Bergkristall macht uns umgänglicher, sensibler und empfindsamer gegenüber unseren Mitmenschen und unserer Umgebung.

Sternzeichen:
Der Kristall wird dem Zeichen des Löwen und der Zwillinge zugeteilt. Nach indianischer Tradition dem Steinbock.

Chakra-Anordnung:
Der Bergkristall kann für alle Chakren angewendet werden, am wirkungsvollsten ist er aber auf dem Dritten Auge, dem Solar-Plexus und dem Herz-Chakra. Er sollte eigentlich bei jeder Edelsteinauflage oder Behandlung miteinbezogen werden. Denn er harmonisiert und klärt die Aura. In seiner Aufgabe dient er sowohl als Sender, wie auch als Speicher. Dabei ist seine Funktion als Sender stärker. Mit seiner starken Energie, die immer rein und klar ist, dringt er tief in jedes Chakra vor und bringt somit alle unsere Energien zum Fliessen.

Besonderheiten:
Bei Darm-, Magen- und Verdauungsproblemen legen Sie sich einen Bergkristall mit einem Magnesiten und einem roten Jaspis in ein Glas Wasser (ca. 1 dl), lassen es während einer Nacht zugedeckt stehen und trinken regelmässig, während 1–2 Monaten, jeden Morgen nüchtern von diesem Elixier.

Angebot und Pflege:
Der Bergkristall ist in reicher Auswahl erhältlich, vom Rohstein bis zum Schmuck. Auch die Pflege ist sehr einfach, ein- bis zweimal monatlich unter fliessendem Wasser entladen und an der Sonne aufladen.

BERNSTEIN

Allgemeines

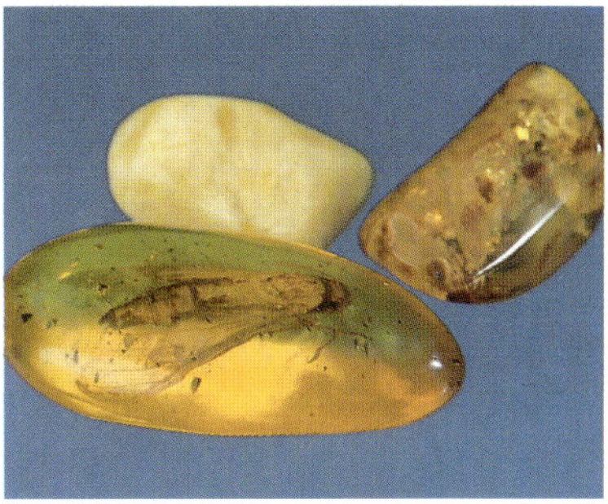

Der Bernstein ist ein gelbes bis honigbraunes, organisches, fossiles Harz von der Kiefer Pinus succinifera, entstanden vor etwa 50 Millionen Jahren. Die besten und schönsten Bernsteine stammen heute aus Polen, der Ostsee, GUS und der Dominikanischen Repuplik.

Wirkung auf den Körper:

Der Bernstein gehört mit zu den stärksten und vielseitigsten «Heilsteinen» überhaupt. Er wirkt bei Allergien, Ekzemen und Hautausschlägen, wie bei Tierallergien, Heuschnupfen, Blütenpollenallergie usw. Er nimmt den kleinsten Erdenbürgern ihre Schmerzen beim Zahnen und uns die Zahnschmerzen nach Wurzelbehandlungen, bei Mundentzündungen usw. Doch sein Schwergewicht liegt eindeutig bei Arthritis, Arthrose, Weichteilrheuma, Rheuma und Rückenschmerzen. Zudem ist er sehr hilfreich bei Halsschmerzen, Grippe, Fieber, Augenleiden, Ohrenschmerzen und Infektionen der Atemwege wie Bronchitis und Husten, sowie Asthma und Bronialasthma. Der Bernstein regt den Stoffwechsel an, unterstützt die Leberfunktion und die Schilddrüse. Auch bei Verletzungen, Entzündungen z.B. an Knie, Fussgelenken, Hüfte, und bei Sehnenscheidenentzündungen verhilft der Bernstein zur schnelleren Heilung.

Wirkung auf die Psyche:

Der Bernstein fördert unsere Selbstheilungstendenzen, er nimmt uns unsere Ängste und vermittelt uns Ausgeglichenheit. Er stärkt die Entscheidungskraft und bewahrt uns vor voreiligen Entschlüssen und Panikentscheiden.

Sternzeichen:

Der Bernstein gehört zu den Zeichen Zwillinge, Löwe und Jungfrau.

Chakra-Anordnung:

Er wird dem Sonnengeflecht oder dem Solar-Plexus zugeordnet.

Besonderheiten:

Bei Weichteilrheuma sollten Sie ein Bernsteinelexier jeden Tag zu sich nehmen. Einen Bernstein, möglichst einen unverarbeiteten, in zirka einem Deziliter Wasser während 12 Stunden ruhen lassen, danach dieses Elixier morgens auf nüchteren Magen trinken.

Angebot und Pflege:

Der Bernstein ist als Rohstein, Handschmeichler, Anhänger und Schmuck auf dem Markt. So betrüblich es klingen mag, er ist eher einer der teureren Steine und wird zum Teil auch schon imitiert. Den Bernstein nur in fliessendem Wasser entladen. Es ist empfehlenswert, ihn nicht an der Sonne aufzuladen. Mit keinen scharfen Mitteln und Säuren in Kontakt bringen.

BERYLL

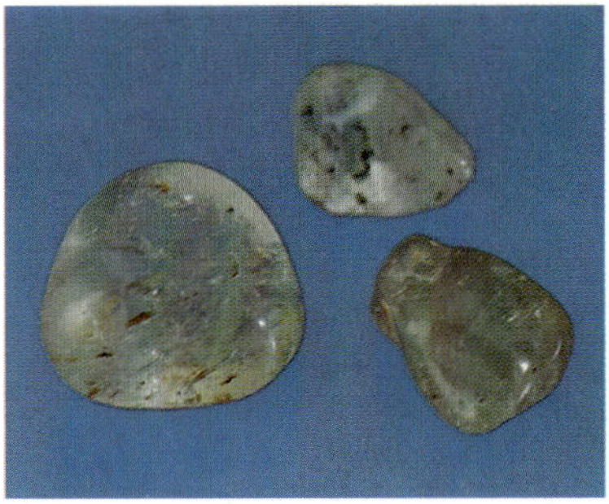

Allgemeines:
Der Beryll ist ein Beryllium-Tonerde-Silicat. Seine Farbvarianten: grün = Smaragd, hellblau = Aquamarin, hellgelbgrün = Heliodor, rosa = Morganit, golden = Gold-Beryll und alle Zwischenfarben = Beryll. Seine Herkunft ist ähnlich dem Aquamarin.

Wirkung auf den Körper:
Der Beryll wirkt bei Arterienverkalkung. Er hilft bei Drüsenschwellung und stärkt die Augen. Er beruhigt den Darm und hilft bei Durchfall. Der Beryll stärkt die Herzkranzgefässe und das Herz und ist eine gute Unterstützung bei Krebs im Vorstadium. Auch bei Mensesschmerzen und in der Schwangerschaft leistet er gute Dienste.

Besonderheiten:
Der Beryll soll speziell Reisende per Schiff beschützen.

Angebot und Pflege:
Der Beryll ist nur beschränkt im Handel erhältlich. Einmal monatlich unter fliessendem Wasser entladen und an der Sonne aufladen.

BLAUQUARZ

Allgemeines:
Der Blauquarz ist ein hellblaues bis blaues Quarzaggregat, durchscheinend bis undurchsichtig. Seine Herkunft ist Österreich, Skandinavien, Südafrika und Brasilien.

Wirkung auf den Körper:
Der Blauquarz entgiftet unseren Körper und festigt das Immunsystem. Er stärkt das Herz, die Lunge und das Parasympatische Nervensystem. Er schützt vor Erdstrahlen, Röntgenstrahlen usw. Zudem ist er hilfreich bei Krebserkrankungen im Vorstadium.

Wirkung auf die Psyche:
Er hilft uns bei Depressionen, Unlust und Tatenlosigkeit. Er verstärkt und fördert unsere Ausdrucksfähigkeit.

Angebot und Pflege:
Der Blauquarz ist mehrheitlich als Handschmeichler, Anhänger und als Schmuck im Handel erhältlich. Einmal monatlich unter fliessendem Wasser entladen.

CARNEOL (Karneol)

Allgemeines:
Der Carneol ist ein orange bis orangerotes Quarz-aggregat der Chalcedonfamilie. Seine Herkunft ist mehrheitlich Indien, Brasilien, Japan und Nord-Afrika.

Wirkung auf den Körper:
Der Carneol ist ein sehr guter Stein für Beschwerden im Unterleib, der Verdauung und Erkrankungen des Darms. Er hilft uns Giftstoffe in unserem Körper besser auszuscheiden, entlastet die Nieren, die Leber und den Gallenbereich. Er kann in diesem Bereich sogar Kolliken aufheben. Er senkt zu hohen Blutdruck, löst Blutstauungen und fördert den Blutreinigungsprozess. Er lindert asthmatische und rheumatische Beschwerden. Der Carneol hilft bei Nasenbluten und Paradentose. Er stärkt die Augen, hilft der Haut jugendlich und schön zu bleiben und kräftigt das Zahnfleisch.

Wirkung auf die Psyche:
Der Carneol ist immer ein Kraftstein, der uns Vitalität und Antriebskraft gibt. Er erdet uns und gibt Lebensfreude.

Sternzeichen:
Der Carneol gehört zum Widder (der rote Carneol) zu den Zwillingen (der gelbe Carneol) zur Jungfrau und zum Krebs, auch nach indianischer Tradition.

Chakra-Anordnung:
Er wird für das Sakral-Chakra verwendet.

Besonderheiten:
Bei Unterleibsbeschwerden und in der Schwangerschaft sollten Sie sich einen Carneol während zirka 20 Minuten auf den Bauch legen, er soll schon Eileiterzysten dadurch zum Verschwinden gebracht haben.

Angebot und Pflege:
Der Carneol ist in reicher Auswahl erhältlich: Als Rohstein, Handschmeichler, Anhänger und als Schmuck. Seine Pflege ist auch äusserst einfach: ein- bis zweimal im Monat unter fliessendem Wasser entladen. Er darf an der Sonne aufgeladen werden.

CHALCEDON

Allgemeines:
Der Chalcedon ist ein grau, hellblaues bis taubenblaues Quarzaggregat mit streifigen Lagen. Seine Fundstellen sind in Brasilien, Uruguay, Indien und in den USA.

Wirkung auf den Körper:
Der Chalcedon hilft mit seiner zarten Farbe sehr gut bei allen Problemen im Hals- und Kehlkopfbereich. Er lindert Heiserkeit und gibt eine angenehme Stimme. Er vermag auch Blutungen zu stillen und Verletzungen schneller heilen zu lassen. Frauen in den Wechseljahren, die unter diesen Beschwerden leiden, sollten den Chalcedon unbedingt tragen. Er nimmt die Wallungen, die Hitzestaus und die Unruhe. Er nimmt unsere Angste, Unsicherheiten und hilft uns so, unsere Probleme zu lösen.

Wirkung auf die Psyche:
Der Chalcedon vermittelt Gelassenheit, vermindert Reizbarkeit und Jähzorn. Da er Sprechhemmungen und Blockaden löst, kann man ihn auch bei Besprechungen, in der Schule und bei Vorträgen als wirksame Hilfe bei sich tragen. Er hilft uns, unsere Arbeiten präzise und verständlich abzufassen. Deshalb wird er auch der Stein der Redner genannt.

Sternzeichen:
Der Chalcedon wird dem Zeichen des Krebses, des Zwillings und des Schützen zugeteilt.

Chakra-Anordnung:
Er ist der Basisstein des Kehl-Chakra und des Hals-Chakra.

Besonderheiten:
Wenn Sie eine Rede oder einen Vortrag halten müssen, nehmen Sie sich einen Chalcedon mit, er wird Ihnen helfen, Ihre Worte und Gesten richtig und gewählt vorzutragen.

Angebot und Pflege:
Der Chalcedon ist als Rohstein, Handschmeichler, Anhänger und als Schmuck erhältlich. Reinigen Sie den Chalcedon ein- bis zweimal im Monat unter fliessendem Wasser. Den Chalcedon darf man ruhig mehrmals im Monat während einigen Stunden an der Sonne aufladen.

CITRIN (Zitrin)

Allgemeines:
Der Citrin ist ein gelb, grüngelb bis goldbrauner Quarzkristall. Seine farbgebende Substanz ist Eisen. Fälschlicherweise wird der Citrin oft auch Gold-Topas genannt. Seine Fundstellen sind in Brasilien, Madagaskar, in den USA, der GUS und in Spanien.

Wirkung auf den Körper:
Der Citrin ist ein starker Stein, der uns Sonne und Wärme in unsere Herzen vermittelt. Er wirkt besonders bei Depressionen, Nervosität und Unruhe. Aber auch bei Diabetes, Stoffwechselerkrankungen und Problemen mit den Drüsen kann er uns Linderung bringen. Er stärkt das Immunsystem, den Darm, die Verdauung und regt den Stoffwechsel an. Er kräftigt das Herz, den Kreislauf und die Nerven und ist gut für die Leber und die Nieren.

Wirkung auf die Psyche:
Er ist ein sehr guter Stein für alle die mit sich im Unklaren sind. Er stärkt empfindsame, leicht verwundbare Menschen, deshalb ist er auch geeignet für Menschen die depressiv oder traurig sind, ja selbst Menschen, die selbstmordgefährdet sind, erhalten durch den Citrin wieder einen Sinn im Leben.

Sternzeichen:
Der Citrin ist dem Löwen, dem Zwilling, der Jungfrau und dem Stier zugeordnet.

Chakra-Anordnung:
Speziell für den Solar-Plexus geeignet.

Besonderheiten:
Der Citrin hilft Ihnen, irdische Ziele, z.B. bei der Ausbildung, bei Prüfungen und im Geschäftsleben mit Erfolg zu erreichen, da er Kraft und Konzentrationsstärke vermittelt.

Angebot und Pflege:
Der reine Citrin ist sehr teuer und selten. Im Handel ist meist der gebrannte Citrin erhältlich, d.h. der Amethyst wird sehr hoch erhitzt und erhält somit die Farbe des Citrins. Als gebrannter Citrin ist dieser Stein in reicher Auswahl erhältlich. Zur Pflege ein- bis zweimal im Monat unter fliessendem Wasser entladen und an der Sonne aufladen.

CHRYSOKOLL

Allgemeines:
Der Chrysokoll ist ein grünblaues Kupfersilicat, meist als Spaltfüllung von Kupfererzen. Seine Fundstellen sind in Chile,in der GUS, in den USA und in Italien.

Wirkung auf den Körper:
Der Chrysokoll wirkt beruhigend auf die Nerven, löst Überspannungen und Gefühle des Überfordertseins. Er besänftigt uns und gibt uns Ruhe. Da der Chrysokoll sehr erfrischend und kühlend wirkt, können wir mit seiner Hilfe Fieber senken, Verbrennungen lindern, und auch bei Hautschürfungen erweist er uns Linderung. Er fördert die Funktion der Galle und Nieren aber auch die von Magen und Darm. Seine stützenden Eigenschaften beziehen sich speziell auf alle Frauenleiden. Er hilft bei Mensesstörungen, mindert Menstruations-Beschwerden und erleichtert die Beschwerden nach der Geburt. Er hilft, Früh- oder Fehlgeburten vorzubeugen. Auch bei Rheuma, Arthritis und Rückenschmerzen kann er sehr hilfreich sein. Er unterstützt den Hals, den Rachen und die Schilddrüsen und regt den Stoffwechsel an. Der Chrysokoll beruhigt das Herz und bringt unseren Kreislauf auf Trab. Zudem reguliert er den Hormonhaushalt.

Wirkung auf die Psyche:
Er ist sehr ausgleichend auf das Gemüt, bei starken Emotionen, bei Zorn und Jähzorn. Er gibt uns Gelassenheit, Frieden, Güte und Toleranz. Indem er unsere Sensibilität fördert, hilft er zugleich die Intuition zu stärken, da wir meist zu verstandesmäßig und logisch entscheiden.

Sternzeichen:
Der Chrysokoll wird dem Zeichen des Stiers zugeordnet, auch nach Indianischer Zuordnung. Aber auch der Waage, dem Schützen und dem Wassermann.

Chakra-Anordnung:
Der Chrysokoll wird im speziellen für das Hals- oder Kehl-Chakra verwendet. Generell aktiviert der Chrysokoll die Chakras oder Energiezentren des Körpers, auf die er gerade gelegt wird.

Besonderheiten:
Bei Mensesbeschwerden ist es ratsam, einen Chrysokoll auf die schmerzende Stelle zu legen.

Angebot und Pflege:
Der Chrysokoll gehört eher zu den seltenen Steinen. Sein Angebot ist beschränkt und zum Teil ist er sehr teuer, vor allem als Kette. Den Chrysokoll sollten Sie besser im trockenen Meersalzbad reinigen; vermeiden Sie den Kontakt mit Parfüm und Make-Up.

CHRYSOPRAS

Allgemeines:

Der Chrysopras ist ein apfelgrüner Chalcedon, dessen farbgebende Substanz Nickelsilicat ist. Sein Vorkommen ist in Ländern wie: Australien, USA, Brasilien, Indien, Madagaskar, Südafrika und GUS.

Wirkung auf den Körper:

Der Chrysopras mit seiner apfelgrünen Farbe wirkt besonders gut im Energiezentrum des Herzens, so bringt er dem strapazierten Herzen viel Ruhe. Genauso wirkt er bei Prostata, Hodenerkrankungen, sowie bei Erkrankung der Eierstöcke und der Eileiter. Ebenso verbessert er bei beiden Geschlechtern die Fruchtbarkeit und lindert Krankheiten im Zusammenhang mit Unfruchtbarkeit. Zudem stabilisiert der Chrysopras den Kreislauf und beruhigt die Nerven. Auch bei Epilepsie kann er sehr hilfreich eingesetzt werden.

Wirkung auf die Psyche:

Der Chrysopras vermag Komplexe zu mindern und bringt uns Klarheit in unsere Gedanken. Er macht uns anpassungsfähig, mindert die Ruhelosigkeit und fördert die Geistesgegenwart. Er bewahrt uns vor Alpträumen und wirkt gegen Fremdeinwirkungen. Er ist ein sehr guter Schutzstein.

Sternzeichen:

Er wird dem Zeichen des Krebses und des Steinbocks zugeordnet.

Chakra-Anordnung:

Der Chrysopras wird dem Herz-Zentrum zugeteilt.

Besonderheiten:

Falls Sie unter schmerzender Gicht leiden, legen Sie sich einen Chrysopras auf die schmerzende Stelle. Im weiteren wird empfohlen, einen Chrysopras in ein Glas Wasser (zirka 1 dl) zu legen und dieses Wasser morgens nüchtern zu trinken.

Angebot und Pflege:

Der Chrysopras ist ein eher seltener Stein. Sein Angebot ist beschränkt und er ist sehr teuer. In der Regel ist er als Rohstein, Anhänger und als Handschmeichler erhältlich. Im Angebot als Schmuck ist er begrenzt. Seine Pflege ist einfach: mehrmals im Monat unter fliessendem Wasser entladen.

COELESTIN

Allgemeines:
Der Coelestin ist ein hellblauer, opaker bis leicht transparenter Stein aus der Quarzfamilie.

Wirkung auf den Körper:
Der Coelestin beschleunigt die Wiederherstellung von verletztem Gewebe nach einer Mandel- oder Kropfoperation. Und somit trägt er zu einer schnelleren Gesundung des Organismus bei.

Chakra-Anordnung:
Der Coelestin wird dem Kehl-Chakra zugeteilt.

Angebot und Pflege:
Der Coelestin ist im Augenblick nur als Rohstein im Handel erhältlich. An der Sonne aufladen. Darf nicht mit Wasser entladen werden.

DIAMANT

Allgemeines:
Der Diamant ist ein farbloser, gelblich-bräunlicher, helloranger manchmal bis schwarzer, reiner Kohlenstoff aus alten Vulkanschloten. Herkunftsländer sind Afrika, Indien, Brasilien und Sibirien.

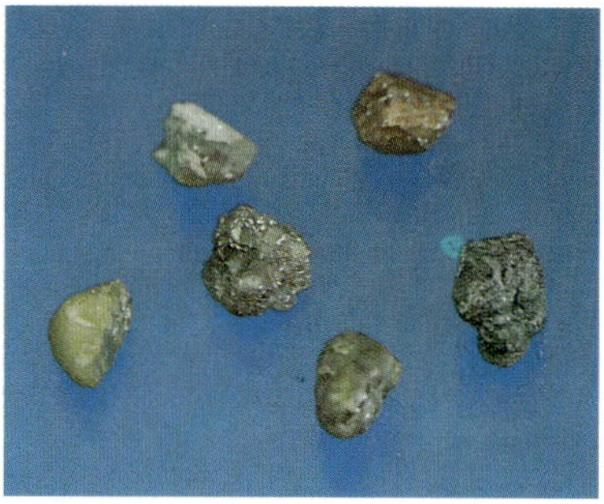

Wirkung auf den Körper:
Der Diamant ist ein wahrer Meisterheiler, er hat auf den Körper eine starke, reinigende und klärende Wirkung. Er wird zur Kräftigung der Ausscheidungsorgane, wie Blase und Niere, eingesetzt. Zudem verhindert er die Steinbildung - wie Nieren- oder Gallensteine. Aber auch bei Krankheiten im Magen-Darmbereich ist er sehr wirksam. Er hilft besonders bei Knochen- und Drüsenerkrankungen und stimuliert die Thymusdrüse. Ebenso wirkt der Diamant bei Epilepsie und Gleichgewichtsstörungen. Auch zur Stärkung des Gehirns, der Hirnhälften, des gesamten Muskelsystems, der Nerven und der Nervenverbindungen wird der Diamant eingesetzt. Er ist entgiftend, hilft bei Gicht und stärkt die Augen und die Widerstandskraft.

Wirkung auf die Psyche:
Der Diamant besitzt starke Reinigungsqualitäten für Geist und Körper. So dass er überall dort einzusetzen ist, wo Klärung, Läuterung oder Reinigungsprozesse stattfinden. Er gibt uns Ausgeglichenheit, Selbstständigkeit und Selbstachtung. Er hilft uns, unsere Gefühle der Eifersucht besser in Kontrolle zu halten und nimmt uns unsere Unsicherheit im Umgang mit unserem Partner. Er lehrt uns, wie wir selber unbesiegbar werden, kann uns aber genauso auf unsere Fehler aufmerksam machen. Die Gefahr, dass er uns hochmütig und verschlossen macht, ist sehr gross, es empfiehlt sich daher, den Diamanten immer mit der Jade gemeinsam zu verwenden.

Sternzeichen:
Der Diamant wird dem Zeichen des Löwen, des Widders und des Steinbocks zugeordnet.

Besonderheiten:
Es ist besser zur Heilung und inneren Entwicklung, wenn man einen Rohdiamanten verwendet. Er hat dann das Trauma des Schleifens noch nicht durchlitten und ist auch noch einigermassen erschwinglich.

Angebot und Pflege:
Der Diamant ist als Rohstein erschwinglich, im geschliffenen Zustand einer der teuersten Edelsteine der Welt. Gehen Sie sorgsam um mit diesem Juwel, einmal nach jeder Behandlung kurz unter fliessendem Wasser entladen. Wenn Sie ihn an der Sonne aufladen, dann nur eine kurze Zeit.

DOLOMIT

Allgemeines:
Der Dolomit ist ein weiss-gelblich-bräunlicher Bitterspat. Seine bekanntesten Fundstellen sind in der Schweiz, in Österreich und Ungarn.

Wirkung auf den Körper:
Der Dolomit hilft der Bauchspeicheldrüse, den Drüsen und stärkt die Hormone. Er kräftigt das Herz und macht die Haut zart und rein. Der Dolomit gibt Lebenskraft und wirkt Verhärtungen des Herzens entgegen.

Wirkung auf die Psyche:
Der Dolomit nimmt uns unsere Aggresivität und unsere Neigung zur Passivität. Er gibt uns die nötige Portion Sensibilität.

Angebot und Pflege:
Der Dolomit ist nur als Trommelstein im Handel erhältlich. Er ist pflegeleicht, einmal im Monat unter fliessendem Wasser entladen, genügt.

EPIDOT (Pistazit, Unakrit)

Allgemeines:
Der Epidot ist ein Calcium-Aluminium-Eisensilikat, dessen Farben je nach dem Eisengehalt gelbgrün, pistaziengrün, hellgelb, bräunlich bis rosafarben sind. Uns bekannte Fundstellen sind in Österreich, der Schweiz, der BRD, den USA, in Norwegen und Alaska.

Wirkung auf den Körper:
Der Epidot ist gut für das Gleichgewicht und für das Herz. Auch dem Verdauungstrakt steht er hilfreich zur Seite.

Wirkung auf die Psyche:
Der Epidot bringt uns Trost bei Liebeskummer, befreit uns von Eifersucht, Minderwertigkeitsgefühlen und Selbstmitleid.

Besonderheiten:
Den Epidot sollten wir immer dann einsetzen, wenn wir uns nicht ganz sicher über unsere Gefühle sind gegenüber Neuem oder Gewohntem.

Angebot und Pflege:
Der Epidot ist als Handschmeichler, Anhänger und als Schmuck erhältlich. Ein- bis zweimal monatlich unter fliessendem Wasser entladen und an der Sonne aufladen.

FLUORIT

Allgemeines:
Meist welss, hellblauer, grüner, gelber bis violetter oktaederförmiger Fluss-Spat. Seine Fundstellen sind in der BRD, in Spanien, Grossbritannien und in der Schweiz.

Wirkung auf den Körper:
Der Fluorit wird hauptsächlich als ausgezeichnetes Mittel eingesetzt, um Störungen der Hirnströme zu beheben und bei geistiger Verwirrung zu bessern. Er steigert die Zufuhr und die Aufnahmefähigkeit im Hirnbereich und schärft den Verstand. Dieser Stein hat einen sehr hohen Fluoridgehalt und nimmt daher einen starken Einfluss auf die Knochenbildung. Vor allem ist er bei allen Knochenkrankheiten, wie Arthritis, Osteoporose, Arthrose, aber auch zur Ausheilung von Verletzungen oder Verwachsungen sehr hilfreich. Er ist ein idealer Begleiter für Kinder, da er ihnen hilft, alle wichtigen Mineralien und Spurenelemente aus der Nahrung optimal aufzunehmen und zu assimilieren. Im Weiteren wirkt er stärkend und aufbauend auf die Schleimhäute . Er regeneriert und stärkt die Lungen und das Lungengewebe. Der Fluorit ist auch bei Krebs im Vorstadium einsetzbar, bei Grippe und Vireninfektionen. Er stärkt die Leber, und auch bei Mongolismus findet er seinen heilsamen Weg. Er stärkt die Konzentration.

Wirkung auf die Psyche:
Er ist ein hervorragender Stein zur Meditation. Der Fluorit sensibilisiert unsere intuitiven Empfindungen, für die Wahl der Menschen unseres Weges und der Umstände, für die wir unsere Entscheidungen treffen. Somit verleiht er uns mehr Verantwortungsgefühl für alle unsere Entscheidungen.

Sternzeichen:
Der Fluorit in violetter Farbe wird dem Zeichen des Fisches zugeteilt, in hellblauer Farbe dem Wassermann-Geborenen.

Chakra-Anordnung:
Der Fluorit wird für das Kronen- oder Scheitel-Chakra verwendet und für das Dritte Auge.

Besonderheiten:
Er eignet sich hervorragend zum geistigen Arbeiten im Büro oder in der Schule, da er die Aufnahmefähigkeit und die Konzentration fördert.

Angebot und Pflege:
Der Fluorit ist als Rohstein, Handschmeichler, Anhänger, Schmuck und als kunstgewerbliche Gegenstände erhältlich. Reinigung: ein- bis zweimal monatlich unter fliessendem Wasser entladen und an der Sonne aufladen.

FALKENAUGE

Allgemeines:

Das Falkenauge ist ein feinfaseriges, undurchsichtiges, blaugrünes bis blaugraues Quarzaggregat, mit Krokydolith-(Hornblendeart) Einlagerungen, aus der Familie der Quarze. Bekannteste Fundorte sind: Südafrika, Birma, Indien, USA und Westaustralien.

Wirkung auf den Körper:

Das Falkenauge stärkt und erhält unsere Sehkraft, beruhigt übermüdete, gereizte Augen. Auch bei Augenverletzungen ist er aktiv heilend. Das Falkenauge ist auch ein gutes Gegenmittel bei extremen Kopfschmerzen, insbesondere bei Migräne, auch bei chronischer. Zudem löst das Falkenauge asthmatische Beschwerden im Bronchialbereich.

Wirkung auf die Psyche:

Durch das Falkenauge können wir uns stabilisieren und erreichen ein grösseres Selbstbewusstsein. Durch Ihn erreichen wir mehr Toleranz gegenüber uns selbst und unseren Schwächen.

Chakra-Anordnung:

Das Falkenauge wird dem Stirn-Chakra oder dem dritten Auge zugeordnet. Aber es hat auch einen starken Bezug zum Wurzel-Chakra.

Besonderheiten:

Sehr gut zur Meditation. In der heutigen Zeit, in der die Computer zum Alltag gehören, leistet das Falkenauge ebenfalls wertvolle Hilfe. Es schützt und kräftigt unsere Augen, deshalb ist es gut ein Falkenauge auf dem Körper zu tragen.

Angebot und Pflege:

Das Falkenauge ist mehrheitlich als Handschmeichler und als Anhänger erhältlich. In Kettenform ist er eher selten vorhanden. Mehrmals im Monat unter fliessendem Wasser entladen.

FEUEROPAL

Allgemeines:
Der Feueropal hat seinen Namen nach der orangen Farbe. Er zeigt kein Opalisieren. Fundorte sind in Mexiko, Brasilien, in den USA, in Honduras, Westaustralien und Guatemala.

Wirkung auf den Körper:
Der Feueropal ist ein grosser Helfer im gesamten Verdauungssystem. Er verleiht uns Kraft, Ausdauer und Vitalität. Er vermittelt Wärme und Energie.

Wirkung auf die Psyche:
Der Feueropal hilft bei der Entfaltung der Intuition und lernt uns, uns und unsere Umgebung besser zu verstehen. Er vermittelt Wärme und Harmonie.

Sternzeichen:
Der Feueropal wird nach dem Indianischen Horoskop dem Widder zugeordnet. Zudem gehört er zum Schützen.

Chakra-Anordnung:
Der Feueropal gehört zum Solarplexus und dem Milz-Chakra.

Spezielles und Tips:
Bekannt wurde dieser wunderschöne Stein eigentlich erst durch die Übermittlung der indianischen Astrologie. Bis vor einiger Zeit galt der Opal, zu dem der Feueropal auch gehört, zu den Unglückssteinen. Man sagt auch heute noch, dass wenn der Opal nicht zu einem passt, er «verschwindet», bis der Zeitpunkt stimmt.

Angebot und Pflege:
Der Feueropal wird meist nur als Handschmeichler, Anhänger und als Rohstein, auf dem Markt angeboten. Diesen Stein sollten Sie nur in trockenem Meersalz reinigen; eine Zeit von 2 Stunden wöchentlich reicht. Es ist empfehlenswert, ihn nicht der Sonne auszusetzen. Vorsicht beim Umgang mit Parfüm und Make-up; er ist empfindlich dagegen.

GRANAT (Pyrop)

Allgemeines:
Der Granat ist ein rotes Zirkoniumsilicat, das durchsichtig bis undurchsichtig ist. Seine Hauptvorkommen sind: Tschechei/Böhmen, Madagaskar, Arizona, Südafrika, Ostindien und Australien.

Wirkung auf den Körper:
Der Granat ist ein sehr vielfältiger Helfer. Er stärkt das Herz und reguliert den Kreislauf. Er bewirkt eine Vermehrung von Plasma und weissen Blutkörperchen, sowie eine bessere Assimilation von Hämoglobin und regt die Blutzirkulation an. Er hilft bei Anämie (Blutarmut) und nimmt die daraus entstehende Müdigkeit und Schlappheit. Er wirkt aktivierend auf die Fortpflanzungsorgane, steigert die Sexualkraft und behebt Erkrankungen im Bereich der Geschlechtsorgane. Er hilft bei Impotenz. Er stärkt die Kapillargefässe, was ihn zu einem wertvollen Helfer im Bereich der Bronchien und Lungen macht. Ebenso kann man den Granat bei Erkrankungen wie Arthritis, Rheuma, Abszessen (Furunkeln), Entzündungen und Hautkrankheiten einsetzen. Er stärkt das Gehirn und hilft bei Gedächtnisschwäche. Er stärkt die Leber, die Milz und die Niere.

Wirkung auf die Psyche:
Der Granat schenkt uns Freude und Lebenskraft, er wirkt aufbauend, gibt uns Energie und stärkt unseren Mut. Das tiefrote Feuer des Granats gibt uns Antriebskraft, Willenskraft, Selbstvertrauen und Erfolg. Durch seinen direkten Einfluss auf die Hypophyse ist der Granat ein sehr guter Stein für die Meditation. Er vermag uns einen stärkeren Bezug zur Erde zu vermitteln und hilft uns so zum Weiterkommen im irdischen Dasein. Er hilft uns, unsere Schwermütigkeit und unsere Depressionen zu verarbeiten.

Sternzeichen:
Der Granat wird dem Zeichen des Widders und des Skorpions zugeordnet. Nach indianischer Tradition dem Löwen.

Chakra-Anordnung:
Der Granat wird dem Wurzel-Chakra zugeteilt.

Besonderheiten:
Menschen die zur Leidenschaft neigen, sollten von diesem Stein Abstand nehmen.

Angebot und Pflege:
Der Granat ist als Rohstein, Handschmeichler (eher kleine Stücke), Anhänger und als Schmuck erhältlich. Wöchentlich unter fliessendem Wasser entladen und an der Sonne aufladen.

HÄMATIT

Allgemeines:

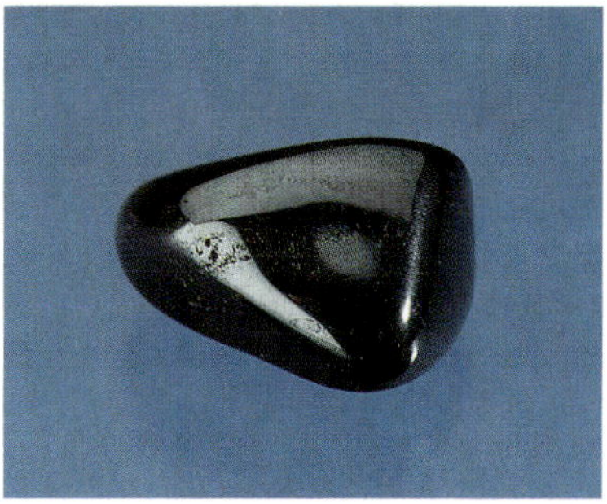

Der Hämatit ist ein metallisch, schwarzes Eisenoxid, nicht zu verwechseln mit Magnetit, dem magnetischen Eisenoxid. Der Härnatit wird auch Blutstein genannt, da er das Schleifwasser rot verfärbt. Seine Herkunftsländer sind: BRD, Italien, Brasilien, USA, Schweiz (geringe Vorkommen), Kanada, Ural, Schweden und Australien

Wirkung auf den Körper:

Der Hämatit regt den Blut- und Zellaufbau an, aktiviert den Kreislauf und das Herz. Er stärkt die Lunge, die Leber, die Milz und die Nieren. Er fördert den Genesungsprozess während oder nach einer Krankheit. Der Hämatit hilft aber auch bei Krampfadern, Blutstauungen und bei Embolieneigungen, sowie Zirkulationsstörungen. Er hilft auch Blutergüsse aufzuheben und Blutungen zu stillen. Er fördert die Wundschliessung und deren Ausheilung. Der Hämatit soll auch das Einschlafen und Durchschlafen fördern.

Wirkung auf die Psyche:

Der Hämatit aktiviert unsere Willenskraft, unseren Mut und unsere Tatkraft. Er regt uns an, erneut zu beginnen, Spontaneität, Entschlusskraft und den nötigen Lebensmut zu entwickeln.

Sternzeichen:

Der Hämatit wird dem Widder und dem Skorpion zugeteilt.

Chakra-Anordnung:

Der Hämatit gehört zum Wurzel-Chakra.

Besonderheiten:

Da er das Einschlafen fördert, sollte man einen Hämatit unters Kopfkissen legen, am besten mit einem Rosenquarz zusammen.

Angebot und Pflege:

Der Hämatit ist in einem sehr reichen Angebot auf dem Markt, vom Rohstein bis zu extravaganten kunstgewerblichen Arbeiten. Da der Hämatit sehr eisenhaltig ist, ist es sehr ratsam, ihn nicht mit Wasser zu entladen, sondern in trockenes Meersalz einzulegen.

HERKIMER DIAMANT

Allgemeines:
Der Herkimer Diamant ist eine aussergewöhnliche Erscheinung innerhalb der Quarzkristalle. Sein Vorkommen ist begrenzt auf die Herkimer Minen im Staate New York.

Wirkung auf den Körper:
Seine herausragendsten Eigenschaften sind: Heilungsprozesse zu beschleunigen, Verkrampfungen und Verspannungen im Körper zu lösen und Stresssymptome zu bekämpfen. Er stärkt das Muskelsystem und gibt Vitalität. Er hält Röntgen und andere Strahlungen von uns fern. Der Herkimer Diamant ist sehr wirksam zur Krebsbekämpfung (Vorstadium).

Wirkung auf die Psyche:
Da der Herkimer Diamant Sender und Empfänger ist, ist seine Aufnahmefähigkeit enorm. Er gibt uns den Ausgleich unserer Persönlichkeit, das hilft uns, unseren Weg besser zu finden. Er harmonisiert unsere Geistkörper, dadurch verschafft er uns ideale Voraussetzungen zur Entfaltung hellseherischer Fähigkeiten. Er stärkt unsere Persönlichkeit und nimmt uns die Aengste. Er hilft uns unsere Erinnerung an unser früheres Leben zu verarbeiten.

Chakra-Anordnung:
Den Herkimer Diamant kann man für mehrere Chakras verwenden: für das Milz-Chakra, das Herz-Chakra und den Solar-Plexus. Durch das Auflegen auf diese Chakren erhalten wir durch den Herkimer Diamanten kräftige Energieimpulse.

Angebot und Pflege:
Der Herkimer Diamant ist eine Laune der Natur, er ist daher eher selten, und sein Angebot ist auf den Rohstein begrenzt. Nach jeder Behandlung unter fliessendem Wasser entladen. Der Herkimer Diamant darf während längerer Zeit an der Sonne aufgeladen werden.

HELIOTROP (Blutjaspis)

Allgemeines:
Der Heliotrop ist ein undurchsichtiger, dunkelgrüner Chalcedon mit roten Punkten. Den Namen «bloodstone» erhielt er durch seine roten Punkte; er hat aber mit dem uns bekannten Blutstein, dem Hämatit, überhaupt nichts zu tun. Er ist im Handel irrtümlicherweise als Jaspis verbreitet, mit dem er aber nichts gemeinsam hat. Seine Vorkommen sind in Indien, Australien, China, Brasilien und in den USA.

Wirkung auf den Körper:
Der Heliotrop reinigt unsere Organe Er ist speziell geeignet für die Reinigung der Leber, der Niere, der Milz und zur Reinigung des Blutes. Aber auch bei Durchblutungsstörungen des Herzens und bei Blasenbeschwerden ist der Heliotrop sehr hilfreich. Der Heliotrop gibt Vitalität und Lebenskraft. Er stärkt unseren Geruchssinn, die Leber, die Lunge und das Muskelsystem. Der Heliotrop ist hervorragend bei Krampfadern und sogar bei offenen Beinen. Dabei sollte man aber beachten, dass man den Stein nie direkt auf die offene Wunde legt.

Wirkung auf die Psyche:
Der Heliotrop ist der Schutzstein der Reisenden, da er vor Unfällen bewahrt. Schon im Altertum war dieser Stein deshalb sehr beliebt. Er stärkt den Intellekt und bewahrt uns vor Alpträumen.

Besonderheiten:
Den Heliotrop kann man bei chronischen Blasenerkrankungen, bei einer schwachen Blase oder bei Schmerzen in der Blasengegend, direkt auf die Schmerzstelle auflegen. Bei Krampfadern einen Heliotrop zur sanften Massage verwenden.

Angebot und Pflege:
Der Heliotrop ist als Handschmeichler, Anhänger, Py-Scheibe und als Schmuck auf dem Markt zu finden, selten als Rohstein. Seine Pflege ist einfach: mehrmals unter fliessendem Wasser entladen und an der Sonne aufladen.

JADE

Allgemeines:
Jade ist grün bis schwarzes Calcium-Magnesium-Silicat, dessen farbgebende Substanzen Eisen und Chrom sind. Seine Hauptvorkommen sind China, Burma, Japan, Tibet und Mexiko.

Wirkung auf den Körper:
Die beruhigende und harmonische Schwingung der Jade wirkt ausgleichend auf unseren gesamten Organismus. Die Jade stärkt die Nieren, das Herz, den Kreislauf und das Nervensystem. Jade ist ein guter Stein in der Schwangerschaft, wenn aus psychischer Blockade eine Empfängnis nicht klappen will. Die Jade stärkt unser gesamtes Immunsystem, regt den Stoffwechsel an und unterstützt die Drüsenfunktion. Die Jade findet ihren Einsatz auch bei Nierenbeschwerden, Nierenschwäche und Nierensteinen. Im weiteren bekämpft sie Infektionen, Gelbsucht, und bei Fieber ist sie ein wertvoller Helfer.

Wirkung auf die Psyche:
Die Jade ist ein sehr guter Stein zur Meditation. Sie schenkt uns Freude aus tiefster Seele, vermittelt uns ein friedvolles Gefühl, harmonisiert und erneuert unsere Gedanken. Mit der Jade wird unser Gefühlsleben erfrischt und erneuert. Sie vermittelt uns Ausgeglichenheit, Gelassenheit und Persönlichkeit. Sie stärkt unseren Mut und unsere Ausdrucksfähigkeit. Die Jade gibt uns unsere Liebesfähigkeit zurück.

Sternzeichen:
Die Jade wird dem Zeichen der Fische, der Waage und dem Zeichen des Krebses zugeordnet.

Chakra-Anordnung:
Jade kann man auf verschiedene Chakras auflegen, so auf das Sakral-Chakra, wenn Unfruchtbarkeit unser Leben quält, auf das Stirn-Chakra, wenn wir Migräne und Kopfschmerzen unterworfen sind. Bei Koliken, Verdauungsbeschwerden und Magenerkrankungen legt man die Jade auf den Solar-Plexus auf.

Besonderheiten:
Bei Nierenerkrankungen sowie Nierenkoliken lege man einen Jadestein auf die schmerzende Stelle, am besten auf beide Nieren.

Angebot und Pflege:
Jade ist in reichem Angebot auf dem Markt: Von der China-Jade bis zur teuren Burma-Jade, von grün bis schwarz, lernen wir Jade als faszinierenden Stein kennen. Die Pflege ist auch sehr einfach: ein- bis zweimal im Monat unter fliessendem Wasser entladen.

JASPIS ROT

Allgemeines:
Der Jaspis ist ein verschiedenfarbiges Quarzaggregat, auch Hornstein genannt. Seine Vorkommen sind in Frankreich, Indien, Ägypten, in den USA, in der GUS und in Afrika.

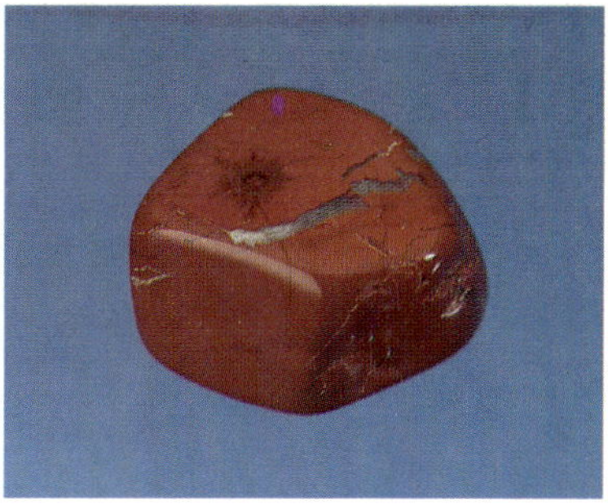

Wirkung auf den Körper:
Der rote Jaspis ist ein starker Energiestein, der immer direkt auf dem Körper getragen werden sollte. Er hilft in der Schwangerschaft, da er kräftigend ist. Er aktiviert die Fortpflanzungsorgane. Bei Verdauungsschwierigkeiten, Blähungen und Verstopfung kann er gemeinsam mit einem Bergkristall und einem Magnesiten ein wertvoller Helfer sein. Der rote Jaspis ist sehr gut für die Leber, die Milz und die Bauchspeicheldrüse. Er stärkt den Magen und verhindert den Brechreiz. Aber auch bei Epilepsie kann er hilfreich sein. Der rote Jaspis unterstützt die Beseitigung von Disharmonie im Bereich der Geschlechtsorgane und hilft somit die Sexualdrüsen zu aktivieren. Er fördert einen geregelten und schmerzarmen Menstruationsablauf. Der rote Jaspis ist ein hervorragender Geburtshelfer. Er ermöglicht eine schnelle, komplikationsfreie und schmerzarme Geburt.

Wirkung auf die Psyche:
Der rote Jaspis nimmt negative Schwingungen in sich auf und bewahrt uns deshalb wirksam vor allem negativ Beeinflussten. Er harmonisiert den Körper und den Geist. Er vermittelt uns Sensivität und Verständnis.

Sternzeichen:
Der rote Jaspis wird dem Zeichen des Widders und des Skorpions zugeordnet.

Chakra-Anordnung:
Der rote Jaspis ist dem Wurzel-Chakra zugeordnet.

Besonderheiten:
Bei Verdauungsproblemen und Magenbeschwerden legen sie einen Jaspis, einen Bergkristall und einen Magnesit zusammen in ein Glas Wasser (zirka 1 dl), lassen das Ganze über Nacht ruhen und trinken dieses Elixier am Morgen auf nüchternen Magen.

Angebot und Pflege:
Der rote Jaspis ist in reichem Angebot auf dem Markt, als Rohstein bis hin zum Schmuck. Seine Pflege ist äusserst einfach: nach jedem Elixiergebrauch unter fliessendem Wasser entladen. Als Schmuck getragen, reicht es aus, wenn Sie den Jaspis ein- bis zweimal im Monat entladen.

BEIGER JASPIS (Landschafts-Jaspis)

Allgemeines:
Wie der rote Jaspis.

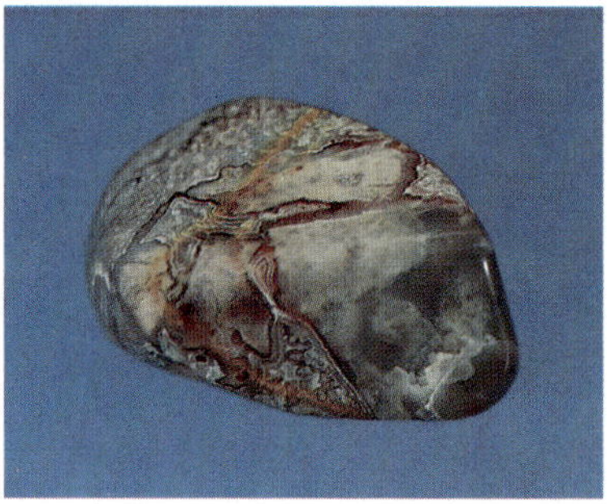

Wirkung auf den Körper:
Der beige Jaspis wirkt bei Allergien, stärkt das Immunsystem und gibt Lebenskraft. Er stärkt den Geruchssinn und die Haut, aktiviert die Leber, die Niere und die Gallenblase.

Wirkung auf die Psyche:
Der beige Jaspis gibt uns angenehme Träume und nimmt uns die Ängste. Er vermittelt uns Verständnis und Sensivität.

Angebot und Pflege:
Der Landschafts-Jaspis ist als Handschmeichler, Anhänger und als Schmuck erhältlich. Pflege: ein- bis zweimal monatlich unter fliessendem Wasser entladen und an der Sonne aufladen.

Platte eines Jaspissteines über Nacht mit Pflaster + Tesafilm auf Herz gegen [illegible]. Eva Aschenbrenner - 24.8.00 in [illegible] Sendung

KUNZIT

Allgemeines:

Der Kunzit ist ein rosa, lila-durchsichtiges, pastellfarbenes Lithium-Tonerde-Silicat, dessen farbgebende Substanz Mangan ist. Er gehört der Spodumen-Gruppe an. Vorkommen in Brasilien, Madagaskar, Birma, und den USA.

Wirkung auf den Körper:

Der Kunzit wird bei Alkoholismus eingesetzt. Er stärkt das Herz, den Kreislauf, die Herzkranzgefässe und die Nerven. Er ist gut bei Schmerzen durch Arthritis, Gicht und bei Schmerzen im Nackenbereich und der Schulter. Er aktiviert das Gehör, die Augen und behebt Kopfschmerz. Er regt die Verdauung an, behebt Übelkeit und nimmt uns die Schwindelgefühle. Er ist gut für die Schilddrüsen und die Hormone. Der Kunzit ist allgemein stärkend und gibt uns Lebenskraft.

Wirkung auf die Psyche:

Der Kunzit gibt uns Ausgeglichenheit und fördert unsere Entwicklung. Er behebt unsere Angst und auch bei Menschen, die unter Schizophrenie und manischer Depression leiden, ist der Kunzit ein sehr starker Helfer. Er hilft uns, unsere Reizbarkeit und unsere Leidenschaft besser unter Kontrolle zu halten.

Chakra-Anordnung:

Der Kunzit ist einer der kräftigsten Steine für das Herz-Chakra.

Besonderheiten:

Der Kunzit ist ein sehr brüchiger Stein, deshalb bitte vorsichtig mit ihm umgehen.

Angebot und Pflege:

Uns ist der Kunzit nur als Handschmeichler und als Anhänger bekannt. Es ist empfehlenswert den Kunzit nur im trockenen Meersalz zu reinigen, dies jedoch wöchentlich.

KORALLE

Allgemeines:

Die Koralle ist ein organisches Meeresprodukt aus kohlensaurem Kalk, meist zartrosa bis dunkelrot, seltener ist die schwarze Koralle. Fundstellen sind die Küsten des Mittelmeeres, der Golf von Biscaya, die Kanarischen Inseln, der Malaysche Archipel, nördliches Australien und das Rote Meer.

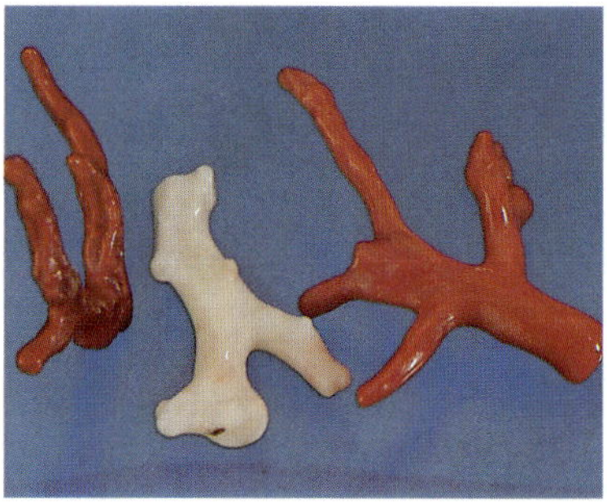

Wirkung auf den Körper:

Die rote Koralle hilft seit altersher bei Anämie, Kreislaufbeschwerden und Durchblutungsstörungen. Bei Mangelerscheinungen durch unrichtige Ernährung, ebenso bei Unfruchtbarkeit und Menstruationsbeschwerden hilft die rote Koralle sehr effektiv. Die rosa Koralle hilft uns bei Depressionen und wirkt beruhigend. Sie stärkt das Herz und beruhigt es zugleich. Die weisse Koralle hilft bei Knochenkrankheiten und Rachitis. Sie kräftigt die Zähne. Schwarze Korallen schützen uns auf Reisen und wirken gegen negative Energien.

Wirkung auf die Psyche:

Die Koralle gibt uns Stabilität und Flexibilität gleichermassen. Sie unterstützt die Fähigkeit des Visualisierens und ist ein guter Helfer bei vielen Meditationstechniken.

Besonderheiten:

Die Korallen geben viel Kraft ab, daher ist es empfehlenswert, nicht nur ein kleines Stück zu tragen, sondern eine ganze Kette.

Angebot und Pflege:

Korallen sind eher in beschränkter Auswahl erhältlich, da – Gott sei Dank – der Massenabbau etwas eingeschränkt wurde. Deshalb bitten wir Sie, die Korallen sorgsam zu pflegen, damit sie lange schön und wirksam bleiben. Korallen mögen frische Luft und ab und zu ein Bad in Meersalz, um sich zu regenerieren.

LABRADORIT

Allgemeines:
Der Labradorit ist ein graublau schillernder Feldspat, dessen Oberfläche zum Teil irisierend wirkt. Seine Vorkommen sind in Kanada, Finnland, Madagaskar, Mexiko, in der GUS und in den USA.

Wirkung auf den Körper:
Der Labradorit regt unser Selbstheilungzentrum an und aktiviert unser Muskelsystem. Er ist hilfreich bei Wirbelsäulenverkrümmungen, und er bringt den Rückenwirbel wieder ins Gleichgewicht. Er unterstützt den Kreislauf und hilft bei Rheuma. Er ist einer der stärksten Steine zur Aktivierung der Hand-Chakren.

Wirkung auf die Psyche:
Der Labradorit stärkt unser Ausdrucksvermögen und behebt unsere Stimmungsschwankungen. Seine stärkste Schwingung spielt er jedoch im Bereich der Erinnerung aus, so hilft er uns ganz vehement bei der Verarbeitung unserer Kindheit, primär bei Kindheitsmisshandlungen.

Sternzeichen:
Der Labradorit gehört zum Zeichen des Steinbocks und der Fische.

Chakra-Zuordnung:
Der Labradorit aktiviert sehr intensiv die Heilkräfte der Hand-Chakren.

Besonderheiten:
Menschen, die andere Menschen mit den Händen behandeln, sollten jeden Tag während zehn Minuten ihre Hand-Chakren mit einem Labradorit aktivieren.

Angebot und Pflege:
Der Labradorit gehört zu den eher teureren Steinen, sein Angebot ist etwas beschränkt. Entladen Sie den Labradorit zweimal monatlich unter fliessendem Wasser und laden Sie ihn an der Sonne auf.

LAVENDELQUARZ

Allgemeines:
Der Lavendelquarz ist uns nur durch seine Heilkraft bekannt. Da er relativ schwer zu bekommen ist, ist er auch etwas teurer als andere Quarze. Seine Zusammensetzung ist mit dem uns bekannten Rosenquarz verwandt.

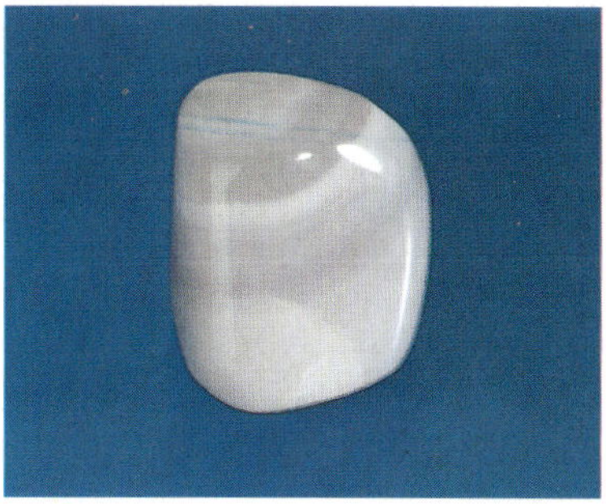

Wirkung auf den Körper:
Der Lavendelquarz ist ein sehr starker Helfer, vor allem im psychischen Bereich, wirkt aber auch auf unseren Körper. Ich habe festgestellt, dass der Lavendelquarz sehr intensiv arbeitet. Es ist deshalb ratsam, ihn immer mit einer Kette aus Aventurin oder Smaragd zu gebrauchen. Seine heilenden Eigenschaften richten sich auf alles aus, was in und an unserem Körper nicht gerade ist. So stärkt und begradigt er die Wirbelsäule, Finger, Gelenke und Zehen und nimmt uns so auch die Schmerzen in diesen Bereichen. Im weiteren behebt der Lavendelquarz Kopfschmerzen, die durch Stress, Überarbeitung und Anspannung entstanden sind.

Wirkung auf die Psyche:
Hier liegt wohl die eigentliche Stärke des Lavendelquarzes. Er öffnet unseren inneren Körper und lässt uns unserer Intuition klarer werden. Er befreit unseren Körper von allen Disharmonien und lässt alle Lebensenergie in unserem Körper fliessen.

Chakra-Anordnung:
Der Lavendelquarz kann für alle Chakren eingesetzt werden, aber bitte lassen sie ihr Gefühl walten, und setzen Sie ihn immer dosiert ein.

Besonderheiten:
Wie schon erwähnt, sollten Sie den Lavendelquarz immer nur gemeinsam mit dem Aventurin oder mit einer Smaragd-Kette verwenden.

Anwendung und Pflege:
Der Lavendelquarz ist als Rohstein, Anhänger und als Kette erhältlich. Nach jeder Anwendung sollten Sie den Lavendelquarz während zirka fünf Minuten unter dem fliessenden Wasser reinigen.

LAPISLAZULI (Lazurstein, Lasurit)

Allgemeines:
Königblaues Aggregat aus verschiedenen Mineralien der Sodalith-Gruppe, durchzogen mit Pyriteinschlüssen, dessen farbgebende Substanz Lasurit, Calcit und Pyriteinlagerungen sind. Seine Hauptvorkommen sind in Afghanistan, Chile, Burma, in der GUS (Baykalsee).

Wirkung auf den Körper:
Sein kühles Blau wirkt beruhigend, krampflösend und fiebersenkend. Der Lapislazuli hilft bei Neuralgien, Hautausschlägen und bei Insektenstichen. Er hilft bei Schmerzen und bringt Schwellungen zum Abklingen. Er löst Stauungen im Kehlbereich, nimmt den Kopfschmerz und wirkt dem Bluthochdruck entgegen. Er darf unter keinen Umständen bei Hypotonie (niederer Blutdruck) angewendet werden. Er behebt Nervenschmerzen und stärkt den Kreislauf. Er hilft bei Mensesschmerzen und bei Krämpfen allgemein. Er aktiviert die Lunge, behebt Störungen der Lymphe und der Schilddrüsen. Er hilft bei Erkrankungen des Rachens, der Bronchien und bei Erkrankung der Mandeln. Er stärkt die Thymusdrüse und gibt Vitalität und ist sehr wirksam im Krebsvorstadium.

Wirkung auf die Psyche:
Der Lapislazuli gibt uns ein spirituelles Wachstum. Er verstärkt unsere hellsichtigen, hellhörigen und feinfühligen Anlagen und hebt in jedem Fall unser Bewusstsein. Er nimmt uns unsere Ängste und löst Blockaden im Gefühlsbereich. Er hilft uns Verdrängtes besser zu verarbeiten. Er ist bekannt als Förderer von Gemeinschaftssinn und Entscheidungsfreudigkeit. Weltweit ist er bekannt als Stein der Liebe und der Freundschaft.

Sternzeichen:
Der Lapislazuli wird dem Zeichen des Schützen und der Fische zugeteilt, aber auch dem Zeichen des Steinbock und des Wassermannes.

Chakra-Anordnung:
Der Lapislazuli wird dem Dritten Auge zugeteilt.

Besonderheiten:
Den Lapislazuli sollte man nach Möglichkeit nicht im Schlafzimmer verwenden.

Angebot und Pflege:
Den Lapislazuli gibt es in reicher Auswahl auf dem Markt. Ich empfehle Ihnen, ihn nicht mit Wasser, sondern mit trockenem Meersalz zu reinigen. Machen Sie dies wöchentlich einmal. Bitte nicht zu lange an der Sonne aufladen.

MAGNESIT

Allgemeines:

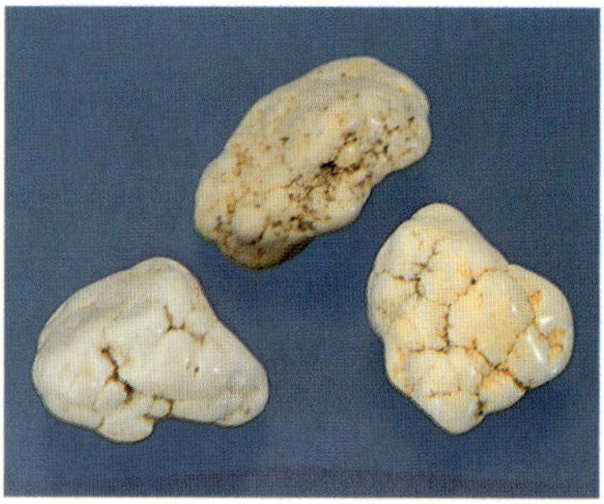

Der Magnesit ist ein gelblich, weisses Magnesiumcarbonat. Im Handel sind auch blaugefärbte Knollen erhältlich, sie sollen ihre Heilkräfte dadurch nicht verloren haben. Seine Fundorte liegen in Österreich, Schlesien, Piemont und besonders auf Euboea.

Wirkung auf den Körper:

Der Magnesit wirkt entwässernd und beschleunigt deshalb auch das Abnehmen. Er reinigt unseren Körper von Umweltgiften und stärkt unsere Atmungsorgane. Er stärkt den Kreislauf und das Herz. Er senkt zu hohe Cholesterinwerte und aktiviert die Schilddrüsen. Er hilft bei Prostataerkrankungen und bei allgemeiner Schwäche. Er stützt die Lunge, die Leber, die Blase und die Nieren. Er reguliert den Darm, behebt Magengeschwüre und hilft bei Verstopfung. Der Magnesit ist gut bei Erkrankungen der Stirnhöhle. Ebenso findet er Verwendung in der Schwangerschaft, da er den Uterus kräftigt und die Zähne. Der Magnesit hilft bei übermässigem Körpergeruch, behebt Gleichgewichtsstörungen und steigert unsere Reflexe. Auch bei Krebserkrankungen im Vorstadium und bei Gallensteinen vermittelt er wertvolle Hilfe.

Wirkung auf die Psyche:

Der Magnesit hilft uns bei Depressionen, Nervenanspannungen, Erregbarkeit, bei Überempfindlichkeit und Angst. Er gibt uns Ausgeglichenheit und verstärkt unser Ausdrucksvermögen.

Besonderheiten:

Zum Abnehmen empfehlen wir einen Magnesit mit einem Roten Jaspis und einem Bergkristall zusammen in ein Glas Wasser zu legen (zirka1 dl), und dieses Wasser morgens nüchtern zu trinken. Bei Körpergeruch kann man Waschungen mit Magnesitwasser machen.

Angebot und Pflege:

Der Magnesit ist als Handschmeichler und rarer als Schmuck erhältlich. Den Schmuck ein- bis zweimal im Monat unter fliessendem Wasser entladen. Wenn Sie den Magnesit als Elexier-Stein verwenden, sollten Sie ihn nach jedem Gebrauch entladen.

MAGNETIT

Allgemeines:

Der Magnetit ist ein metallisch-schwarzes Eisenoxid. Im Gegensatz zum Hämatit ist der Magnesit magnetisch. Lagerstätten sind in Österreich, Elba, Nordschweden und auch in der Schweiz, vorwiegend im Binntal/Wallis.

Wirkung auf den Körper.

Der Magnetit ist stark magnetisch und kann deshalb bei Erkrankungen wie Rheuma, Knochenbrüchen, bei Hexenschuss, bei Verspannungen im Nackenbereich und bei Gelenkerkrankungen eingesetzt werden. Aber auch zur Stärkung der Bauchspeicheldrüse und bei Diabetes und zur Regulierung des Blutzuckers wird er eingesetzt. Er behebt Krämpfe und ist hilfreich bei Krebs und Tumoren im Vorstadium. Er kräftigt den Kreislauf und stärkt die Nerven. Er bringt Wärme und Energie in unseren Körper und fördert so die Zellregeneration. Er hilft auch bei Erkrankungen der Lunge, bei Lungenentzündungen, bei Leberproblemen und kann zur Blutreinigung eingesetzt werden.

Wirkung auf die Psyche:

Der Magnetit ist ausgleichend und verbindend, er ist ein guter Schutzstein.

Besonderheiten:

Bei Erkrankungen wie Rheuma usw. sollte man den Magnetit auf die betroffene Schmerzstelle aufkleben.

Angebot und Pflege:

Der Magnetit ist als Rohstein, Anhänger und ab und zu auch in Kettenform erhältlich. Reinigen Sie den Magnetit nicht mit Wasser, sondern einmal monatlich mit trockenem Meersalz.

MALACHIT

Allgemeines:
Der Malachit ist ein sattgrünes Kupfercarbonat. Er ist sehr empfindlich gegen Wasser, Säure und Hitze. Meist ist er mit Wellenmuster durchzogen. Seine Vorkommen sind im Ural, Chile, Arizona, Zentralafrika und in Australien.

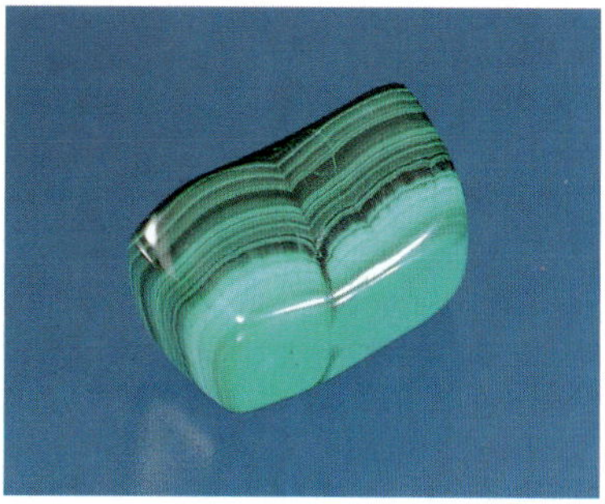

Wirkung auf den Körper:
Durch seine reinigende Kraft eignet er sich zum Auflegen auf schmerzende Stellen des Körpers. Er hat die Eigenschaft, nicht nur krankmachende Energien aus dem Körper zu ziehen, sondern macht uns auch deren Ursache bewusst. Er ist entzündungshemmend und deshalb hervorragend zur Wundbekämpfung und bei Entzündungen des Rachens, bei Rheuma und Gelenkentzündungen geeignet. Er ist hilfreich bei Unfruchtbarkeit, stärkt in der Schwangerschaft und ist gut für die Milchbildung nach der Geburt. Der Malachit ist ein hervorragender Helfer bei Infektionen, Leukämie, Krebs-Vorstadium, Geschwüren und bei Erkrankung des zentralen Nervensystems. Er stärkt die Bauchspeicheldrüse, die Drüsen, das Gehirn und das Herz. Er stärkt die Augen, hilft bei Augenstar und aktiviert unser Selbstheilungszentrum. Er schützt uns vor negativen Strahlungen. Der Malachit ist entgiftend und stabilisiert unseren Kreislauf. Er bietet sich ausserdem an zur Behandlung von Asthma, Koliken, Kinderkrankheiten und bei Vergiftungen. Aber auch zur Linderung von Verstauchungen und Prellungen findet er seinen Einsatz. Ganz speziell hilft der Malachit auch bei Multipler Sklerose und der Parkinson'schen Krankheit.

Wirkung auf die Psyche:
Er lehrt uns Eigenverantwortung für unser Tun und unser Leben zu entwickeln. Er gibt uns Klarheit, Selbsterkenntnis, Selbstlosigkeit und stärkt unsere Ausdruckskraft. Er nimmt uns unsere unbewussten Ängste.

Sternzeichen:
Der Malachit wird dem Zeichen des Stiers zugeteilt, auch nach Indianischer Tradition.

Chakra-Anordnung:
Der Malachit wird dem Herz-Chakra zugeteilt. Wir können ihn aber auch auf alle anderen Chakras auflegen, um den Energiefluss anzuregen und Blockaden zu lösen.

Besonderheiten:
Wir sollten darauf achten, dass wir den Malachit nach jeder Behandlung gründlich reinigen. Wenn Sie irgendwo am Körper eine Schmerzstelle haben, legen Sie sich einen Malachit auf die betreffende Stelle.

Angebot und Pflege:
Der Malachit ist als Rohstein, Anhänger, Handschmeichler und als Schmuck erhältlich, ebenso als kunstgewerbliche Arbeiten. Am besten reinigen sie den Malachit in trockenem Meersalz und nicht in Wasser, da er sonst matt und stumpf wird. Wenn Sie den Malachit stark beanspruchen, z.B. während einer schweren Krankheit, kann er ebenfalls matt, stumpf und unansehnlich werden.

MOOSACHAT

Allgemeines:
Der Moosachat ist ein Chalcedon mit grünen, moosähnlichen Hornblendeeinschlüssen. Sein Hauptvorkommen ist in Indien, China und den USA.

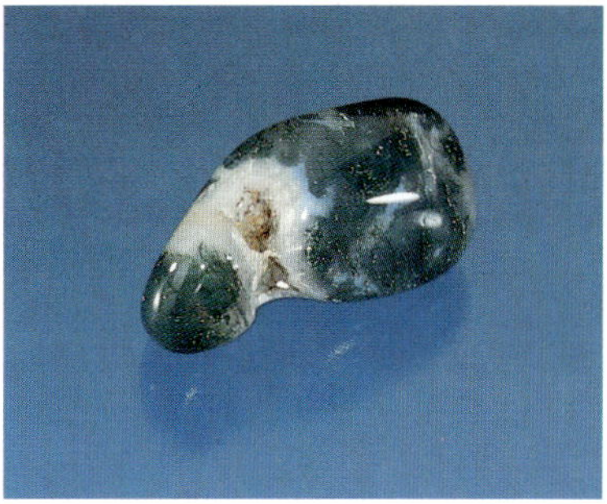

Wirkung auf den Körper:
Der Moosachat ist gut bei Diabetes und zum Ausgleich des Blutzuckers, er stärkt das Herz, den Kreislauf und die Bauchspeicheldrüse. Er aktiviert die Nieren, die Milz und die Lymphe. Er regt die Verdauung an, unterstützt den Dickdarm und hilft bei Vireninfektionen und Entzündungen. Er ist gut in der Schwangerschaft, da er beruhigt und erdet.

Wirkung auf die Psyche:
Der Moosachat gibt uns Selbstvertrauen und Sicherheit. Er sensibilisiert die Wahrnehmungsorgane für die Vorgänge in unserem feinstofflichen Energiesystem.

Sternzeichen:
Der Moosachat wird dem Zeichen des Zwillings und des Krebses zugeordnet.

Chakra-Anordnung:
Der Moosachat gehört zum Herz-Chakra.

Besonderheiten:
Der Moosachat ist der Schutzstein der Bauern, Förster und Gärtner.

Angebot und Pflege:
Der Moosachat ist als Handschmeichler für die Tasche oder als Anhänger oder Kette zum Tragen erhältlich. Wenn man den ihnt in der Wohnung aufstellt, sorgt er für ein angenehmes Klima. Pflege: Wöchentlich unter fliessendem Wasser entladen.

MONDSTEIN

Allgemeines:
Der Mondstein ist ein durchscheinend, pastellfarbener, gelblich bis orange-schimmernder Kalifeldspat. Er ist seidenglänzend und schimmernd, beliebteste Variante ist der bläulich schimmernde Stein. Seine Fundorte sind in Sri Lanka, Brasilien, den USA, in Madagaskar und Indien.

Wirkung auf den Körper:
Bei Lymphstauungen kann der Mondstein direkt auf die Schwellung des Körpers gelegt werden. Sehr gute Heilwirkung erzielt man bei Hormonstörungen, besonders bei Frauen, da er für ein hormonelles Gleichgewicht sorgt. Ebenso ist er hervorragend bei Menstruationsbeschwerden und Störungen des Menstruationszyklus. Auch fördert er die Fruchtbarkeit, indem er die emotionalen Blockaden löst. Zur Förderung der Milchbildung ist der Mondstein ein starker Helfer. Er stimuliert die Epiphyse (Hirnanhangdrüse), daher kann man ihn auch bei Wachstumsstörungen einsetzen. Bei Schilddrüsenproblemen sollte man einen Mondstein als Anhänger auf der Höhe der Schilddrüse tragen. Im weiteren kann man den Mondstein für die Stärkung der Bauchspeicheldrüse, des Darmtrakts und der Milz einsetzen. Auch bei Krebs, vor allem im Bereich des weiblichen Unterleibs und bei Magengeschwüren, findet der Mondstein sein Anwendungsgebiet.

Wirkung auf die Psyche:
Der Mondstein fördert die Intuition, die Feinfühligkeit und ist gut für die Weiblichkeit. Er ist geeignet zur Meditation. Er vermittelt uns Harmonie und Ausgeglichenheit, stärkt unsere Verhandlungsfähigkeit und nimmt uns unsere Ängste.

Sternzeichen:
Der Mondstein gehört zum Zeichen des Krebses, des Fisches und des Steinbocks.

Chakra-Anordnung:
Der Mondstein gehört zum zweiten Chakra oder zum Milz-Chakra.

Besonderheiten:
Bei Unfruchtbarkeit sollte man einen Mondstein auf das Milz-Chakra auflegen und je einen Mondstein auf die Eierstöcke. Zur Förderung der Milchbildung sollte ein Mondstein zwischen den Brüsten, direkt auf der Haut getragen werden. Der Mondstein sollte wenn möglich nicht bei Vollmond angewendet werden. Er gilt als Schutzstein für Reisende und soll Glück bringen.

Anwendung und Pflege:
Den Mondstein kann man als Kette, Anhänger oder Handschmeichler verwenden. Es ist ratsam den Mondstein nach jeder Anwendung unter dem fliessenden Wasser zu reinigen und im Sonnenlicht aufzuladen.

MILCHQUARZ

Allgemeines:
Er ist ein milchig-weisser Quarz, der transparent bis opak ist. Sein Vorkommen ist nach unserer Quelle in Brasilien.

Wirkung auf den Körper:
Der Milchquarz aktiviert das Nervensystem, die Drüsen, die Lunge, den Darm und die Zirbeldrüse. Er nimmt uns die bleierne Müdigkeit und gibt Vitalität. Er stärkt das Fettgewebe und regt die Verdauung an. Ebenso ist der Milchquarz gut bei Hormonstörungen und zur Stärkung des Atemzentrums.

Wirkung auf die Psyche:
Der Milchquarz vermittelt uns Frieden, Harmonie und Ausgeglichenheit. Er stärkt unsere Liebesfähigkeit und reinigt unsere Umgebung von Negativem.

Besonderheiten:
Der Milchquarz ist in der Lage, wenn man ihn in einem Raum aufstellt, die ganze Atmosphäre darin zu harmonisieren.

Angebot und Pflege:
Der Milchquarz gehört zu den pflegeleichten Steinen; einmal wöchentlich unter dem fliessenden Wasser entladen, reicht.

ONYX

Allgemeines:
Der Onyx ist ein schwarzer Achat, der oft mit weissen Streifen durchzogen ist. Fundorte sind in Brasilien, Madagaskar, Mexiko, Argentinien und in Indien.

Wirkung auf den Körper:
Der Onyx fördert die Durchblutung und verbessert das Gehör. Er stärkt die Nägel, die Haut, die Augen, Beine und die Haare und ist gut bei Haarausfall. Der Onyx stärkt das Herz, die Nieren, die Milz und die Nerven. Er hilft auch bei Wetterfühligkeit und Apathie. Er beschleunigt die Heilungsprozesse nach einem Operationseingriff und hält schädliche Einflüsse fern. Auch bei Ohrenschmerzen ist er lindernd und heilend. Im Solar-Plexus-Bereich aufgelegt, stärkt er die Bauchspeicheldrüse.

Wirkung auf die Psyche:
Der Onyx gibt uns Kraft und Stärke. Er bietet uns Schutz und Stabilität bei Belastungen und negativen Einflüssen und gleicht Körper und Geist aus. Der Onyx vertreibt Melancholie und gibt Wiederstandskraft. Er hilft bei der Bewältigung des Karmas.

Sternzeichen:
Der Onyx gehört zum Zeichen des Schützen, des Steinbocks und des Wassermanns.

Besonderheiten:
Bei akuten Ohrenschmerzen kann man einen Onyx-Handschmeichler aufs Ohr legen.

Angebot und Pflege:
Als Handschmeichler, Kette oder Anhänger im Angebot. Es ist für den Onyx gut, wenn er wöchentlich unter dem fliessenden Wasser gereinigt wird. Es wird auch empfohlen, den Onyx einmal monatlich eine Nacht lang in die Erde einzulegen, am besten in einem Blumentopf; das soll ihm die ganze Kraft zurückgeben.

OPAL

Allgemeines:
In allen Farben schimmerndes Gel aus Kieselsäure und Wasser, meist als Spaltfüllung vulkanischer Gesteine. Opal ist ein schnell abgekühltes Gel, das keine kristalline Struktur aufweist. Wichtigste Fundstellen in Südaustralien, Mexiko, Brasilien, Tschechien, Slowakei und Ungarn.

Wirkung auf den Körper:
Der Opal ist gut für den Magen, die Verdauung und bei Magenbeschwerden. Er kräftigt und stärkt das Herz und den Kreislauf. Im weiteren kann man den Opal bei Leukämie einsetzen, er regt die Produktion der Blutkörperchen an. Der schwarze Opal lindert Depressionen und nimmt die Angst vor der Dunkelheit.

Wirkung auf die Psyche:
Der weisse Opal spiegelt die Wahrheit wieder. Er hält unser Innenleben, unsere Gedanken vor Augen. Er kann gleichermassen Positives und Negatives aufnehmen. Er verstärkt unsere Eigenschaften, egal ob gut oder schlecht. Er gibt uns Freude, Klarheit und Intuition. Er lindert unsere Angst und unsere Depressionen. Er verhindert Apathie und Lethargie.

Sternzeichen:
Der helle Opal gehört zu den Zeichen des Fisches und Krebses. Zum Schützen, Wassermann und Skorpion gehört der schwarze Opal. Und zum Zeichen des Widders gehört, auch nach indianischer Tradition, der Feueropal.

Chakra-Anordnung:
Der Opal wird für das Scheitel-Chakra verwendet.

Besonderheiten:
Der Opal gilt als Glücksbringer schlechthin, er wird auch der «Stein der Hoffnung» genannt. Er soll auch der Stein der Künstler und der Musiker sein: sieben Töne, sieben Farben. Man sagt, dass Opale die nicht zum Besitzer passen, sehr schnell verloren gehen. Da er die Eigenschaft besitzt zu vitalisieren, wird er von vielen Menschen begehrt.

Angebot und Pflege:
Man empfiehlt, den Opal mit keinem anderen Stein zusammen zu tragen, da er selbst sehr stark ist. Der Opal ist ein sehr empfindlicher Stein, der Parfüm, Make-up und dergleichen hasst. Es ist ratsam, den Opal öfters ins Wasser zu legen, da er sonst sein Farbenspiel verliert. Nicht zu lange an der Sonne aufladen.

WASSEROPAL

Allgemeines:
Der Wasseropal ist eine farblose, transparente Kieselsäure, manchmal opalisierend und manchmal nicht. Seine Herkunft entspricht dem Opal.

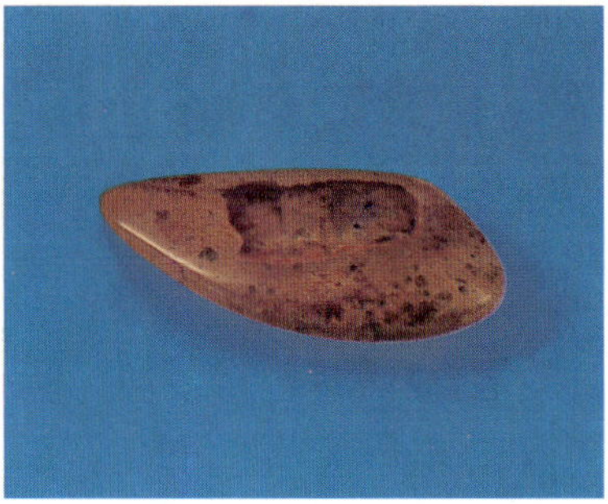

Wirkung auf den Körper:
Der Wasseropal ist sehr gut bei der Bekämpfung von Leukämie und auch bei Magengeschwüren. Er stärkt unsere Wirbel, die Milz und die Augen.

Wirkung auf die Psyche:
Der Wasseropal ermöglicht uns eine Balance von YIN-YANG, gibt uns Ausgeglichenheit und Harmonie, vermittelt Klarheit und Schutz.

Anwendung und Pflege:
Der Wasseropal ist meist nur als Handschmeichler erhältlich. Pflege wie beim Opal.

OBSIDIAN

Allgemeines:
Schwarzes, kieselsäurereiches Lavagestein, dessen farbgebende Substanz Eisen ist. Der wohl bekannteste Obsidian im Handel ist der «Schneeflocken-Obsidian». Seine wichtigsten Vorkommen sind in Griechenland, Mexiko, Island, Italien und in den USA.

Wirkung auf den Körper:
Der Obsidian lindert Infektionen und Entzündungen und hilft gegen Bakterien, ebenso soll er vor Magengeschwüren schützen. Er erneuert die Zellteilung und regt die Verdauung an. Stärkend wirkt er auf Knochen, auf die Wirbelsäule und den Rücken. Der Obsidian vermittelt Lebenskraft und Wärme und stärkt die Konzentration. Er regt die Blutzirkulation an.

Wirkung auf die Psyche:
Der Obsidian schützt uns, gemeinsam mit einem Bergkristall, vor negativen Einflüssen. Er fördert die Klärung emotionaler Blockaden.

Sternzeichen:
Der Obsidian wird dem Zeichen des Skorpions und des Steinbocks zugeordnet.

Chakra-Anwendung:
Der Obsidian ist für das Scheitel-Chakra und für die Beine bestimmt.

Besonderheiten:
Da der Obsidian ein Wärmespender ist, kann man bei Neigung zu kalten Füssen je einen kleinen Stein in die Socken oder in die Schuhe legen. Bei einer täglichen Massage der Fusssohle von zirka 10 Minuten erreicht man die Lösung der inneren Blockade, und ein ganz neues Bewusstsein tritt an die Oberfläche.

Angebot und Pflege:
Den Obsidian gibt es als Rohstein, Anhänger, Handschmeichler und als Schmuck. Nach den Fussmassagen den Stein immer unter fliessendem Wasser reinigen. Dieser Stein ist am bekanntesten in der Variation des «Schneeflocken-Obsidians», eher selten als schwarzer Obsidian, Rauch-Obsidian und als Mahagoni-Obsidian.

PERLE

Allgemeines:
In Muscheln entstanden aus kohlensaurem Kalk. Hauptvorkommen ist der Persische Golf, der Golf von Mannar, an den Küsten Mittelamerikas und Nordaustraliens.

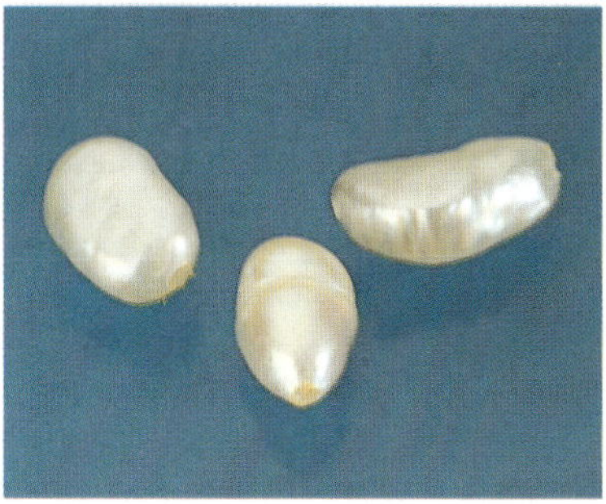

Wirkung auf den Körper:
Man schreibt der Perle starke, magnetische Heilkräfte zu. Die Perlen stärken die Nerven, die Nebennieren, die Milz und das Muskelsystem. Die Perlen helfen aber auch bei Magengeschwüren und stützen den Darmtrakt, regen die Verdauung an. Aber auch bei Fieber und Kopfschmerzen sollen Perlen helfen. Sie vermitteln Vitalität, stärken die Augen. Auch bei Kalziummangel finden die Perlen Verwendung.

Wirkung auf die Psyche:
Die Perlen beheben Stimmungsschwankungen und Angst, geben Initiative, Sensibilität und Intuition.

Sternzeichen:
Die Perlen gehören zum Zeichen des Krebses, der Fische und der Waage, die schwarzen Perlen zum Steinbock-Geborenen.

Besonderheiten:
Die Perlen sollen vor kommendem Unheil warnen und – als Kette getragen – vor Unglück bewahren.

Angebot und Pflege:
Da die Perlen sehr stark die Schwingungen ihres Trägers aufnehmen, sollten sie oft energetisch neutralisiert werden. Am besten in einem Bad aus purem Meersalz – einmal monatlich. Schliessen Sie Ihre Perlen nach Möglichkeit NIE in eine dunkle Schatulle ein, denn sie verlieren ihren Glanz und ihre Schönheit.

PERIDOT (Chrisolith, Olivin)

Allgemeines:
Der Peridot ist ein grünes, olivgrünes, glasähnliches Magnesium-Eisen-Silicat. Seine Fundorte sind in Oberbirma, im Roten Meer, auf den Kanarischen Inseln, in Brasilien und auch in Norwegen.

Wirkung auf den Körper:
Der Peridot behebt Herzschmerzen, stärkt das Herz und den Kreislauf. Auch soll er bei Erkrankungen der Innenorgane helfen. Unserer Ansicht nach ist seine Stärke jedoch bei Ekzemen, Hautausschlägen und Akne. Im weiteren stärkt er die Knochen und baut im allgemeinen gut auf. Wetterfühlige Menschen sollten eine Peridot-Kette tragen, da sie sehr stimulierend ist.

Wirkung auf die Psyche:
Er schützt vor Beeinflussung durch unsere Mitmenschen, fördert die Hellsichtigkeit und wirkt gegen Melancholie.

Sternzeichen:
Der Peridot gehört zum Zeichen des Zwillings und des Löwen.

Chakra-Anordnung:
Der Peridot gehört zum Herz-Chakra.

Besonderheiten:
Bei Ekzemen usw. empfehlen wir, einige Peridote während zirka 12 Stunden in ein Glas mit kaltgepresstem Olivenöl zu legen. Mit diesem Öl dann die kranken Stellen morgens und abends abtupfen. Bitte nicht reiben. Falls sie das Olivenöl nicht vertragen, können Sie die Peridote auch in Wasser ansetzen.

Angebot und Pflege:
Der Peridot ist als Rohstein, Handschmeichler (grössere Stücke sehr selten), Anhänger und als Schmuck auf dem Markt. Die Peridote immer nach jeder Behandlung unter fliessendem Wasser entladen und an der Sonne – wann immer die Möglichkeit besteht – aufladen.

PYRIT (Katzengold)

Allgemeines:
Der Pyrit ist ein messinggelbes bis goldfarbenes Eisen- oder Schwefelkies. Seine Hauptvorkommen sind in Italien, auf der Insel Elba, in den USA, in Kanada, Chile, Mexiko und Peru.

Wirkung auf den Körper:
Der Pyrit ist ein hervorragender Stein für die Atemwege, Bronchien und die Lungen. Er behebt Entzündungen in diesem Bereich und hebt die entstandenen Blockaden auf. Er verbessert die Durchblutung und die Atmungsfunktion der Haut. Auch bei nervösen Erschöpfungszuständen und bei Stottern kann man den Pyrit als Helfer einsetzen. Bei Problemen im oberen Darmtrakt und bei der Verdauung hilft der Pyrit mit seiner Wärme ebenso. Er stimuliert die Nervengewebe entlang der Wirbelsäule, die mit dem Unterleib in Verbindung stehen.

Wirkung auf die Psyche:
Der Pyrit löst Ängste, Depressionen, Frustrationsgefühle. Falsche Hoffnungen gehen durch den Pyrit zurück, da durch ihn der Astralkörper gekräftigt wird.

Sternzeichen:
Der Pyrit wird dem Zeichen des Widders zugeordnet.

Chakra-Anordnung:
Er wird dem Solar-Plexus oder dem Sonnengeflecht und dem Kehl-Chakra zugeteilt.

Besonderheiten:
Die Wirkung des Pyrits wird verstärkt, wenn man ihn mit einer gelben Lampe während zirka 20 Minuten bestrahlt.

Angebot und Pflege:
Der Pyrit ist als Rohstein, Handschmeichler, Anhänger und Schmuck erhältlich. Es ist empfehlenswert, den Pyrit nur mit trockenem Meersalz zu reinigen, da er durch Wasserkontakt sehr schnell matt wird.

PYRIT-SONNE

Allgemeines:
Genau gleich wie der Pyrit selbst, einzig die momentanen Vorkommen sollen anders sein: meist in Kohlengruben in Illinois (USA) – dort immer in Schieferplatten eingebettet. Die Pyrit-Sonne ist etwa 250 bis 300 Millionen Jahre alt.

Wirkung auf den Körper:
Hier haben wir es mit einem ganz besonderen Stein zu tun. Kaum ein anderer Stein strahlt soviel Energie aus wie die Pyrit-Sonne. Ihre heilenden Schwingungen wirken insbesondere auf den Magen, den Darm, die Leber, die Milz und auf die Galle. Aber auch auf die Drüsen nimmt die Pyrit-Sonne sehr starken Einfluss. Wenn wir Schmerzen haben, können wir durch Auflegen der Pyrit-Sonne diese sehr vermindern. Es sollte jedoch darauf geachtet werden, dass man die Sonne nicht länger als 20 Minuten auflegt. Die Pyrit-Sonne ist auch speziell gut bei übersäuertem Magen und bei gestressten Nerven. Die Sonne wirkt schmerzlösend und heilend auf den gesamten Körper. Aber auch bei Erkrankungen der Luftwege und der Bronchien ist die Pyrit-Sonne einsetzbar.

Wirkung auf die Psyche:
Die Pyrit-Sonne führt uns an Probleme heran, bis zu dem Punkt, an dem wir erkennen, dass eine Lösung nur durch eine Veränderung unseres erstarrten Denkmusters möglich ist. Sie erleichtert uns unsere Erkenntnis und Weiterentwicklung. Bei zögernden, unschlüssigen Menschen sollte dieser Stein seinen Platz unter dem Kopfkissen haben. Vorsicht: lassen Sie sich nicht dazu verleiten, dass alle Entscheidungen vom Stein getroffen werden. Er würde seinen Dienst versagen.

Chakra-Anordnung:
Die Pyrit-Sonne wird dem Solar-Plexus oder dem Sonnengeflecht zugeteilt.

Besonderheiten:
Menschen mit schwachem Herz oder Herzstörungen sollten die Pyrit-Sonne nicht verwenden.

Angebot und Pflege:
Pyrit-Sonnen gibt es in allen Grössen und in allen Preislagen. Es ist ratsam, die Sonne nicht mit Wasser zu entladen, sondern in einem trockenen Meersalzbad. Sie ist sehr empfindlich, nicht zu lange an der Sonne aufladen. Nicht fallen lassen.

RAUCHQUARZ

Allgemeines:
Rauchbrauner bis fast schwarzer Bergkristall. Sehr dunkle Stücke heissen Morion. Seine Fundstellen sind weltweit verbreitet.

Wirkung auf den Körper:
Der Rauchquarz stärkt das Bindegewebe, das Fettgewebe und das Muskelsystem. Er hilft Depressionen, Niedergeschlagenheit, Aussichtslosigkeit, Trauer schneller loszulassen und zu verarbeiten. Kraftlose Menschen erhalten durch ihn sehr viel Energie und Tatkraft. Im weiteren wirkt der Rauchquarz auf den Unterleib, die Nieren, die Bauchspeicheldrüse und die Geschlechtsorgane. Die Fruchtbarkeit beider Geschlechter wird gesteigert. Er hilft der Nebenniere, lindert Herzkrankheiten, Muskeldegeneration und neurologische Störungen. Da der Rauchquarz sehr stark unseren Willen stärkt, ist er ein idealer Stein, um Entwöhnungsabsichten wie Raucher-, Sucht- und Drogenentwöhnung zu unterstützen.

Wirkung auf die Psyche:
Der Rauchquarz hilft uns, die Verantwortung für unser Leben zu tragen. Er gibt zaghaften Menschen die Kraft, die Energie und den Mut, ihr Leben sinnvoll zu meistern. Er gibt uns Sensibilität, Initiative und Willenskraft. Der Rauchquarz nimmt uns unsere Ängste und behebt Stimmungsschwankungen.

Sternzeichen:
Der Rauchquarz ist dem Zeichen des Steinbocks zugeordnet.

Chakra-Anordnung:
Der Rauchquarz ist für die Neben-Chakren und für das Milz-Chakra geeignet, ebenso für die Stärkung der Aura.

Besonderheiten:
Schwermütige und depressive Menschen sollten den Rauchquarz als Kette tragen, damit sie das Leben wieder positiver sehen.

Angebot und Pflege:
Rauchquarze gibt es als Rohstein, Handschmeichler, Anhänger und als Schmuck. Seine Pflege ist einfach: ein- bis zweimal im Monat unter fliessendem Wasser entladen und während zirka 2 bis 3 Stunden an der Sonne aufladen.

RUTILQUARZ

Allgemeines:
Ein durchsichtiger Quarz, der mit goldenem bis silbernem Rutilnadel-Titanoxyd durchzogen ist. Seine Herkunftsorte sind Brasilien, Schweiz, Österreich und Argentinien.

Wirkung auf den Körper:
Seine Heilkraft ist enorm, ja fast universell. Er fördert und beschleunigt die Zellorganisation, die Zellstruktur, sowie einen neuen raschen Gewebeaufbau. Seine Hauptstärke ist der Bereich der Lunge, der Bronchien und der Atemwege. Er lindert Husten, Asthma, Halsschmerzen, Schluckbeschwerden und Lungenbelastungen. Der Rutilquarz hilft bei Epilepsie und Gleichgewichtsstörungen, stärkt das allgemeine Befinden, das Gehirn und das gesamte Immunsystem. Er gibt Lebenskraft.

Wirkung auf die Psyche:
Der Rutilquarz schützt uns vor unerwünschten Kräften, fördert unser geistiges Wachstum, gibt uns Ruhe, Wärme und Harmonie.

Sternzeichen:
Der Rutilquarz wird dem Zeichen des Zwillings und des Löwen zugeordnet.

Chakra-Anordnung:
Der Rutilquarz ist dem Sonnengeflecht oder dem Solar-Plexus zugeteilt. Ebenso kann man den Rutilquarz für das Kehl-Chakra verwenden.

Besonderheiten:
Ein auf dem Kehl-Chakra getragener Rutilquarz hilft, lang angestaute, blockierte Gefühle an die Oberfläche zu bringen, sie auszusprechen und sich davon zu befreien.

Angebot und Pflege:
Den Rutilquarz gibt es als Rohstein, Handschmeichler, Anhänger und als Schmuck. Seine Pflege ist einfach, einmal monatlich unter fliessendem Wasser reinigen und während 2 bis 3 Stunden an der Sonne aufladen.

ROSENQUARZ

Allgemeines:
Rosafarbiger Quarz, seine farbgebende Substanz ist Mangan. Seine Hauptvorkommen sind in Madagaskar, in Brasilien, in den USA und in Österreich.

Wirkung auf den Körper:
Der Rosenquarz stärkt das Herz, den Kreislauf und die Blutgefässe. Er unterstützt bei den Frauen die Eierstöcke und bei den Männern die Hoden. Er verhilft zur Fruchtbarkeit und wirkt Geschlechtskrankheiten entgegen. Zudem lindert er Disharmonien und Krankheiten, die sich auf das Herz auswirken können. Besonders stark heilende Energien entwickelt er auf die Blutzirkulation, Blutzirkulationsstörungen, verengte Blutgefässe, Erkrankungen im Blut und Leukämie. Er hilft Narben zu enthärten, am besten mit einem Hämatit zusammen und hilft auch Wunden, Schrunden und schmerzende Knochen zu heilen. Er behebt Depressionen, Schlaflosigkeit und stärkt das parasympathische Nervensystem. Zudem ist der Rosenquarz ein kräftiger Schutz gegen vielerlei Strahleneinflüsse, wie Erdstrahlen, Wasseradern, elektromagnetische Felder, usw.

Wirkung auf die Psyche:
Der Rosenquarz nimmt unsere Ängste, heilt die seelischen Wunden des Herzens, fördert die Fähigkeit des Akzeptierens und die Fähigkeit, wieder zu lieben. Er gibt uns Zärtlichkeit, Weichheit und Offenheit in unsere Gefühlswelt. Er vermag unsere Stimmungsschwankungen zu lösen und unser Kunstverständnis anzuregen. Er bringt Menschen, die sich zu sehr verhärtet haben, wieder dazu, Vertrauen zu fassen, liebevoller, verzeihender und friedlicher zu werden. Er zeigt uns, wie man mit Sanftmut und Liebe auf die Umwelt einwirken kann. Er nimmt das Heimweh, besonders bei kleinen Kindern. Als «Stein des Künstlers» belebt er unsere Phantasie und das schöpferische Denken.

Sternzeichen:
Der Rosenquarz gehört zum Zeichen des Stiers und der Waage.

Chakra-Anordnung:
Der Rosenquarz gehört zum Herz-Chakra oder Herz-Zentrum.

Besonderheiten:
Bei Schlaflosigkeit oder bei unruhigem, schlechtem Schlaf, können Wasseradern usw. schuld daran sein. Hier wird empfohlen, einen zirka faustgrossen Rosenquarz (roh), zirka 60 bis 80 cm vom Bett entfernt, auf den Boden zu legen. Ihre Schlafstelle wird dadurch störungsfrei. Wenn Sie die Kraft des Rosenquarzes noch unterstützen wollen, können Sie einen schwarzen Turmalin (Schörl) mit dazu stellen. Auch gegen Computerstrahlungen, auf TV-Geräten usw. leistet der Rosenquarz sehr gute Dienste. Wichtig ist, dass Sie die Steine, jede Woche unter fliessendem Wasser entladen. Nach Möglichkeit an der Sonne aufladen.

Angebot und Pflege:
Der Rosenquarz ist als Rohstein, Handschmeichler, Anhänger, Schmuck und als ganz herrlich gearbeitete Kunstgegenstände auf dem Markt erhältlich. Beim Schmuck ist es wichtig, dass Sie ihn wöchentlich unter dem fliessenden Wasser entladen und – falls die Sonne scheint – ihn auch ruhig während 3 bis 4 Stunden an ihr aufladen.

RHODOCHROSIT (Inka-Rose)

Allgemeines:
Der Rhodochrosit ist ein rosafarbenes Mangancarbonat, transparent bis opak, mit hellen Streifen durchzogen. Seine Fundorte sind in Argentinien, Colorado (USA), im Ural, in Süd- und Nordamerika.

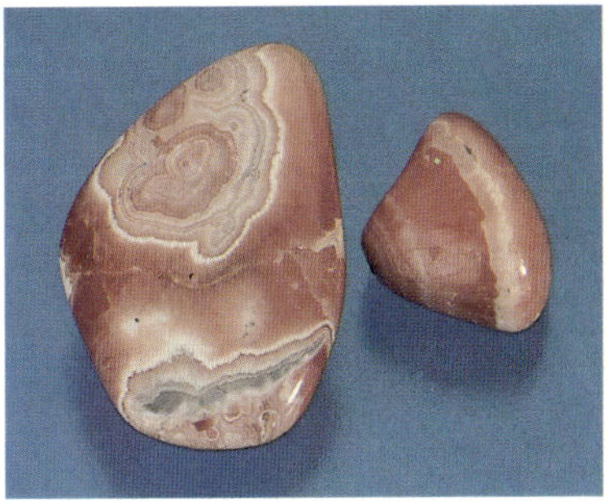

Wirkung auf den Körper:
Der Rhodochrosit hilft der Bauchspeicheldrüse, der Milz und bei Verdauungsbeschwerden. Er behebt Hautunreinheiten und Irritationen der Haut, wie Akne und Pickel.
Er stärkt das Herz, hilft bei Leberleiden, Erkrankungen der Atemwege und der Lunge. Der Rhodochrosit stärkt das Sehvermögen und kräftigt unsere Augen. Er hilft bei Diabetes, Nierenerkrankungen und bei Krebserkrankungen im Magenbereich.

Wirkung auf die Psyche:
Der Rhodochrosit fördert unsere Intuition und unsere Kreativität. Er stärkt und befreit den Energiefluss von unserem Solar-Plexus zum Herz- und Kopfchakra von emotionellem Druck. Er gibt uns mehr Offenheit und Bewusstsein. Er hilft gegen innere Unruhe, Verwirrung und Angst. Er behebt Störungen, unzusammenhängendes Sprechen, hervorgerufen durch Unsicherheit. Er vermag uns vor Alpträumen zu schützen, verleiht uns Antrieb und Stärke.

Chakra-Anordnung:
Der Rhodochrosit wird für das Solar-Plexus-Chakra, das Herz- und das Kopfchakra eingesetzt. Aber auch bei einer Schwächung des Sexual-Chakras können Sie einen Rhodochrositdirekt auf das Wurzelchakra auflegen.

Besonderheiten:
Menschen, die unter Unsicherheit, Angst, Stress und allgemeiner Unruhe leiden, sollten eine Rhodochrosit-Kette auf der Höhe des Herzens tragen.

Angebot und Pflege:
Der Rhodochrosit ist einer der teureren Steine, besonders als Schmuck. Er wird als Handschmeichler, Anhänger und als Schmuck angeboten. Seine Pflege ist einfach beim Einsatz eines Steins: Diesen nach jeder Behandlung unter fliessendem Wasser entladen. Beim Tragen der Kette ist es ratsam, sie einmal in der Woche zu entladen. Nicht zu lange an der Sonne aufladen.

RHODONIT

Allgemeines:
Er ist ein rosafarbenes Mangansilicat, das mit schwarzem Manganoxyd durchzogen ist. Seine Herkunftsorte sind der Ural, Nordamerika, Australien, Madagaskar, Mexiko und die USA.

Wirkung auf den Körper:
Der Rhodonit wirkt stärkend auf das Gehör und die Knochen. Er stärkt die Lunge und sorgt für eine bessere Sauerstoffaufnahme. Dank seines Mangangehaltes ist er hervorragend für die Schilddrüsen. Er unterstützt das zentrale Nervensystem und gibt uns Kraft, Energie und Ausdauer. Er hilft, Prüfungsängste zu beheben und die Lernfähigkeit zu steigern.

Wirkung auf die Psyche:
Der Rhodonit ist ein guter Helfer bei Veränderungen und Erneuerungsprozessen. Er lässt uns unsere Kräfte erkennen und fördert unsere Entwicklung, hilft bei der Selbstverwirklichung. Er hat einen beruhigenden und ausgleichenden Einfluss auf unser Gemüt.

Chakra-Anordnung:
Der Rhodonit ist für das Herz-Chakra sowie das Sexual-Chakra geeignet.

Besonderheiten:
Zur Stärkung der Lunge und der Atemwege sollte man eine Rhodonit-Kette auf Herzhöhe tragen. Bei Prüfungsangst empfehle ich, einen Rhodonit zusammen mit einem Chalcedon, in der Tasche zu tragen.

Angebot und Pflege:
Der Rhodonit ist als Rohstein bis hin zum Schmuck erhältlich. Die Pflege ist einfach: zweimal monatlich den Stein oder den Schmuck unter fliessendem Wasser entladen und während 2 bis 3 Stunden an der Sonne aufladen.

RUBIN

Allgemeines:
Der Rubin ist ein tiefroter Korund (Aluminiumoxyd), dessen farbgebende Substanz Chrom ist. Der Stern eines Sternrubins entsteht durch Titan. Seine Hauptvorkommen sind in Birma, Ceylon, Siam, Hinterindien, Brasilien, Thailand und Sibirien .

Wirkung auf den Körper:
Schon die Heilige Hildegard von Bingen empfahl den Rubin bei Viruserkrankungen, Epidemien, Fieber und zur Heilung von Gicht. In der heutigen Zeit setzt man den Rubin vorwiegend bei Erkrankungen des Herzens, des Blutkreislaufes, der Blutzirkulation und zur Unterstützung der Nebennieren ein. Er erhöht einen zu niederen Blutdruck, kräftigt bei Schwächezuständen und nimmt die Lethargie. Er stärkt die Sehkraft und sorgt für eine bessere Blutzufuhr im Augenbereich. Bei Menstruationsbeschwerden soll man einen Rubin direkt auf die Schmerzstelle oder auf das Wurzel- und das Sakral-Chakra legen. Der Rubin hilft auch, Fehlgeburten zu vermeiden. Ebenso hilft ein Rubin bei Fieber und Viruserkrankungen und stärkt das Immunsystem. Der Rubin fördert den Stoffwechsel, kräftigt die Nerven und die Thymusdrüse. Aber genauso hilft er bei Kinderkrankheiten, Gewichtsproblemen und bei Erkrankung der Milz und bei Leukämie.

Wirkung auf die Psyche:
Der Rubin ist ein guter Schutzstein gegen schlechte Einflüsse. Er erfüllt unser Herz mit Liebe zu uns selbst und zu unseren Mitmenschen. Über die Meditation mit einem Rubin erfahren wir eine enorme Steigerung unserer Kräfte und des geistigen Potentials, somit eine Stärkung der Kräfte, die für das Wachstum des inneren Selbst wichtig sind. Er verleiht uns Kraft, Lebensenergie, Tapferkeit und Mut. Er soll, wie aus alten Schriften zu entnehmen ist, gegen Neid sein, vor dem Verlust des Eigentums bewahren und die Untreue des Ehepartners verhindern. Er verstärkt das kreative Denken und wehrt Feinde ab.

Sternzeichen:
Der Rubin wird dem Zeichen des Löwen, des Widders und des Skorpions zugeteilt.

Chakra-Anordnung:
Der Rubin wird vor allem dem Wurzel- und dem Herz-Chakra zugeteilt.

Besonderheiten:
Bei Fieber sollte man einen Rubin auf die Stirn auflegen oder in der Hand halten. Bei niedrigem Blutdruck ist es ratsam, einen Anhänger oder eine Kette möglichst auf Herzhöhe zu tragen.

Angebot und Pflege:
Den Rubin gibt es als Handschmeichler, Anhänger und als Schmuck auf dem Markt. Seine Pflege: ein- bis zweimal im Monat unter fliessendem Wasser entladen und an der Sonne während zirka 2 Stunden aufladen.

SAPHIR

Allgemeines:
Blauer, grüner, gelber und violetter Korund, Aluminiumoxid, dessen farbgebende Substanzen Eisen und Titan sind. Seine Herkunftsorte sind Hinterindien, Ceylon, Birma, Siam, Vorderindien, Australien, Nordamerika und Sri Lanka.

Wirkung auf den Körper:
Alte und neue Erkenntnisse weisen auf ein sehr grosses Spektrum von Heilwirkungen des Saphirs hin. Er dringt mit seinen lichtvollen Schwingungen zu den Erneuerungs- und Aufbaukräften vor, die für die Regeneration der Haut-, Haar- und Nagelzellen verantwortlich sind. Er lindert Haarausfall bis hin zur Kahlköpfigkeit und hilft Hautkrankheiten rasch zu lindern. Der Saphir kräftigt das gesamte Nervensvstem und hilft all denen. die unter nervlich bedingten Krankheiten leiden. Er ist in seiner Fähigkeit, Schmerzen zu lindern, einer der stärksten Steine. Er bringt Linderung bei Nervenschmerzen, auch Neuralgien, rheumatischen Schmerzen, extremen Kopfschmerzen, Gicht- oder Gelenkerkrankungen und deren Schmerzen, Kolliken, innerem Brennen, Sodbrennen, postoperativen Schmerzen und bei starken verletzungsbedingten Schmerzen. Er hilft bei chronischen Ohrenleiden, Erkrankungen der Kiefer-, Stirn- und Nebenhöhlen. Er stärkt unsere Augen und die Sehkraft. Bei Hautunreinheiten und Hauterkrankungen, kann man durch Waschungen mit Saphirwasser sehr viel erreichen. Tumore, Geschwüre, Blutungen, Ischiasbeschwerden werden durch Auflegen eines Saphirs gemindert. Im weiteren kann man den Saphir zur Linderung von Nervosität, Schlaflosigkeit, Schwindelanfällen und bei übermässigem Schwitzen einsetzen. Kinder die stottern, sollten einen Saphir mit einem Chalcedon zusammen nahe am Hals tragen. Der Saphir wird aber auch eingesetzt bei Gemütserkrankungen und geistigen Störungen.

Wirkung auf die Psyche:
Der Saphir ist ein guter Meditationsstein, der uns bei unseren Entscheidungen wesentlich unterstützt. Er verleiht dem Träger einen klaren Verstand und bewahrt vor Zorn und Ungeduld. Er reinigt und erneuert unser Wesen. Der Saphir verströmt eine gewaltige Ausstrahlung. Er bündelt Energien ohne dass der Träger bewusst etwas dazu tun muss. Er verfügt über ein grosses Potential an Eigenschwingung, die nicht zur Verstärkung oder Ergänzung der Energie des Trägers, sondern unabhängig wirkt, sozusagen als Eigenenergie. Oft wird der Saphir auch «Stein der Weisen» genannt. Oft finden wir «Suchenden» mit seiner Kraft unseren inneren Frieden und die innere Wahrheit. Er ist der Stein der Wahrheit, der Treue, der Klugheit und der Vernunft.

Sternzeichen:
Der Saphir wird dem Zeichen des Stiers, der Jungfrau und der Fische zugeordnet, als Sternsaphir der Waage, als dunkelblaue Varietät dem Schützen, als hellblaue Varietät dem Zeichen des Wassermanns.

Chakra-Anordnung:
Der Saphir gehört zum sechsten Chakra oder auch zum «Dritten Auge».

Besonderheiten:
Nach alten Überlieferungen soll ein Saphir – auf der Stirn eines Fieberkranken aufgelegt – ihn vom Fieber befreien. Bei Schlaflosigkeit, hervorgerufen durch nervenbedingte Erkrankungen, hilft es, vor dem Einschlafen einen Saphir auf die Stirn zu legen oder in der Hand zu halten.

Angebot und Pflege:
Der Saphir ist in einem beschränkten Angebot auf dem Markt. Meist wird er als Rohstein, Handschmeichler, Anhänger und ganz selten als Kette angeboten. Geschliffene Steine sind unwahrscheinlich teuer. Wir empfehlen Ihnen, den Saphir im trockenen Meersalz zu baden und zu entladen. Bitte nicht länger als eine Stunde an der Sonne aufladen.

SARDONIX

Allgemeines:
Ein rostbrauner bis schwarz gemusterter Chalcedon, aus Sarder und Onyxlagen. Seine Hauptvorkommen sind in Brasilien, Uruguay, China, Indien und Madagaskar.

Wirkung auf den Körper:
Der Sardonyx ist sehr gut zur Stärkung des Halswirbels, der Wirbel und des parasympathischen Nervensystems. Er stärkt die Drüsen, die Schilddrüse und die Leber. Besonders gute Erfahrungen wurden bei Aphten und Mundfäulnis gemacht – am besten mit Jade gemischt tragen. Sardonyx stärkt die Lunge und den Kehlkopf. Er ist hilfreich bei allen Arten von Stichen und Bissen, gegen Infektionen und zum Neutralisieren von Giften, egal ob tierischen oder pfanzlichen Ursprungs.

Wirkung auf die Psyche:
Der Sardonyx stärkt die Wiederstandskraft gegen Depressionen, Ängste und Trauergefühle. Ausserdem wird das Kehl-Chakra angeregt, der emotionale Körper wird kräftiger und tieferes Verstehen und Intuition wächst. Der Sardonyx bringt in Rechtsangelegenheiten die Wahrheit ans Licht. Er schenkt Harmonie und Glück in einer Partnerschaft oder Ehe. Er verleiht Selbstvertrauen und Selbstbeherrschung, wandelt seinen Träger in einen umgänglichen und angenehmen Menschen. Der Sardonyx zieht auf magische Art und Weise gute und ehrliche Freunde an.

Angebot und Pflege:
Der Sardonyx wird sehr beschränkt angeboten, meist nur als Handschmeichler und als Anhänger. Es ist zu empfehlen, den Stein wöchentlich unter fliessendem Wasser zu reinigen und während zirka 2 bis 3 Stunden an der Sonne aufzuladen.

SMARAGD

Allgemeines:
Ein grüner Beryll, dessen farbgebende Substanz Chrom ist. Vorkommen in Kristallen, als Einschlüsse. Seinen Ursprung hat der Smaragd in Kolumbien, Indien, Ural, Südafrika, Brasilien und Pakistan.

Wirkung auf den Körper:
Schon im Altertum wurde der Smaragd zur Verjüngung und Regeneration verwendet. Heute weiss man, dass dieser Stein einiges mehr kann. Er hilft bei psychischen und physischen Gleichgewichtsstörungen und bei Schilddrüsenerkrankungen. Sogar bei sehr schweren Erkrankungen, wie der Multiplen-Sklerose, der Parkinson-Krankheit und bei Epilepsie, kann er sehr wirksam helfen. Er normalisiert den Blutdruck und schützt vor Erkrankungen des Blutes. Er hilft bei Herzkrankheiten, Herzmuskeldisharmonie, Herzschwäche und bei allen Arten von Herz- und Nierenstörungen. Die Herz- und Nierenmeridiane werden durch den Smaragd gestärkt. Bei Diabetes hilft er ganz besonders, da er die Selbstheilungskräfte aktiviert und die Reinigung des Gallenweges anregt. Im weiteren hilft er bei Magen- und Darmgeschwüren, Infektionskrankheiten, Leiden im Bereich der Wirbelsäule und bei Rheuma und Gicht. Er unterstützt die Bauchspeicheldrüse, die Lymphe, die Leber, die Thymusdrüse und regt die Verdauung an. Der Smaragd hilft auch bei Kopfschmerzen und Kinderkrankeiten, sowie bei Grippe und Fieber. Mit Smaragdwasser kann man überlastete und geschwächte Augen wieder stärken.

Wirkung auf die Psyche:
Der Smaragd gibt uns Intuition, löst Stauungen und Blockaden physischer Natur in uns auf. Er vermittelt uns Frieden und Harmonie für Körper und Geist. Bei spirituell aktiven Menschen ist der Smaragd eine leitende Stütze in der Meditation. Er vermag dabei verborgene Ängste aufzulösen und vermittelt Halt und Gleichgewicht auf der Suche, nach dem richtigen Weg. Er ist der Glücksstein der Künstler, der Musiker (für die Harmonie), der Stein der Ärzte und gilt als Glücksstein und Talisman auf Reisen. Der Smaragd verstärkt unsere Ausdruckskraft, zügelt unsere Erregbarkeit und hilft den Vätern, die mit ihren Kindern in Konflikt geraten sind, ihre Probleme zu lösen.

Sternzeichen:
Der Smaragd gehört zum Zeichen des Stiers und des Krebses.

Chakra-Anordnung:
Er hat einen grossen Einfluss auf alle Chakren insofern, als jedes Chakra seine Aufgabe, sein Wesen verspürt. Am meisten wird dieser Stein jedoch für das Herz-Chakra verwendet.

Besonderheiten:
Bei Leiden und Schmerzen im Bereich der Wirbelsäule sollte man einen Smaragd direkt auf der Schmerzstelle einsetzen. Schwache, überlastete und gestresste Augen kann man mit Smaragdwasser waschen. Zur Stärkung der Augen kann man auf jeden Brillenbügel einen kleinen Smaragd aufkleben.

Angebot und Pflege:
Der Smaragd ist ein sehr teurer Stein. Meist ist er als kleiner Rohstein, Handschmeichler, Anhänger und als Schmuck in begrenzter Ausführung erhältlich. Regelmässig, nach jedem Gebrauch, unter fliessendem Wasser entladen. Einmal im Monat dürfen oder sollten Sie ihn an der Sonne aufladen.

SUGILITH

Allgemeines:
Ein sehr junger Stein von violetter Farbe, von dem man sagt, er sei der «NEW-AGE»-Stein, also der Stein des Wassermann-Zeitalters. Seine einzige Fundstelle ist und war in Südafrika, heute soll sie bereits erschöpft sein.

Wirkung auf den Körper:
Bitte setzen Sie ganz zum Anfang den Sugilith immer vorsichtig ein, da er ein äusserst kraftvoller Stein ist. Für Kinder ist er – unserer Erfahrung nach – zu kraftvoll. Er ist einer der stärksten Steine der Zukunft. Der Sugilith hilft bei allen schweren Erkrankungen der Gegenwart wie Krebs, Aids, Suchterkrankungen usw. Er hilft das Immunsystem stärken, regt den Energiefluss in unserem Körper optimal an. Der Sugilith entstört unsere Narben und fördert unsere Zellregeneration. Er hilft unser Sprachzentrum zu aktivieren, stärkt Herz, Kreislauf und die Lymphe. Er wirkt reinigend auf unsere Drüsen, auf die Galle und die Leber.

Wirkung auf die Psyche:
Als Stein hoher Bewusstheit lehrt er uns, uns an diese Gegebenheiten anzupassen und mit ihnen zu leben. Er hilft besonders bei einem Neuanfang im geistigen Sinne. Mit seiner hohen violetten Schwingung, die zu hoher Spiritualität führt, lehrt er uns Demut, beseitigt er unsere Zweifel, gibt uns Selbstzufriedenheit und verstärkt unsere Selbstkontrolle. Der Sugilith ist ein idealer Stein für sensible Menschen, denn er wird ihnen in jeder Beziehung Schutz gewähren.

Chakra-Anordnung:
Den Sugilith kann man für alle Chakren verwenden.

Besonderheiten:
Wie schon erwähnt, sollten Sie den Sugilith immer dosiert einsetzen. Ein Tip von mir persönlich: Der Sugilith ist ein Stein, der einem ruft, wenn es an der Zeit ist, ihn zu tragen.

Angebot und Pflege:
Der Sugilith ist, da seine Fundstellen erschöpft sind, nur beschränkt und sehr teuer erhältlich. Er ist meist als Rohstein, Handschmeichler, Anhänger und als Py-Scheibe, weniger als Schmuck auf dem Markt. Es ist zu empfehlen, den Sugilith nur in trockenem Meersalz zu entladen, dies aber mindestens wöchentlich. Wenn Sie ihn an der Sonne aufladen wollen, sollten Sie dies nicht länger als eine Stunde tun.

SODALITH

Allgemeines:
Der Sodalith ist ein intensiv blaues Alumosilicat, das durchscheinend bis undurchsichtig ist, teilweise mit kleinen Adern aus Kalk durchsetzt. Sein Name kommt aus dem engl. Natrium = sodium wegen seines Natriumgehalts. Bedeutendste Lagerstätten sind in Brasilien, Ontario, in den USA, Indien und in Südwestafrika.

Wirkung auf den Körper:
Der Sodalith ist ein sehr guter Stein bei zu hohem Blutdruck. Er beruhigt und harmonisiert die Nerven, stärkt die Schilddrüsen und die Drüsen, aktiviert das Mittelhirn, die Lymphe und gibt Kraft und Vitalität.

Wirkung auf die Psyche:
Der Sodalith ist ein Stein, der unser logisches Denken fördert und stabilisiert, besonders bei sensiblen Menschen. Er unterstützt unser Selbstvertrauen und verhilft zu Treue und Standfestigkeit. Er verleiht uns Mut, beseitigt unsere eingeredeten Schuldgefühle und nimmt uns unsere Angst.

Sternzeichen:
Der Sodalith gehört zum Zeichen des Schützen und der Jungfrau.

Chakra Anordnung:
Dieser Stein wird für das Stirn-Chakra oder das «Dritte Auge» verwendet.

Besonderheiten:
Bei zu hohem Blutdruck ist es empfehlenswert, eine Kette zu tragen möglichst bis zum Herzen hin. Den Sodalith können Sie, zusammen mit einem Bergkristall, auch bei kranken Pflanzen und Tieren einsetzen aber nicht als Kette oder Anhänger, sondern als Stein. Legen Sie einen Sodalith und einen Bergkristall in der Nähe der Schlafstelle des kranken Tieres hin. Bei den Pflanzen, machen Sie ein mit diesen Steinen aufgeladenes Wasser und giessen sie damit.

Angebot und Pflege:
Sodalith ist als Rohstein, Handschmeichler, Anhänger, Schmuck und als Ziergegenstände auf dem Markt erhältlich. Seine Pflege ist auch sehr einfach: die Kette wöchentlich einmal unter fliessendem Wasser reinigen – Rohsteine oder Handschmeichler nach jedem Gebrauch. Nicht an der Sonne aufladen und wenn, nur für kurze Zeit.

TIGERAUGE

Allgemeines:
Goldbraunes, gestreiftes, paralellstengliges Quarzaggregat, mit Einlagerung von feinfaserigem Brauneisen. Es ist sehr empfindlich gegen Säuren. Bedeutendste Fundorte sind in Birma, Indien, Südafrika, in den USA und in Westaustralien.

Wirkung auf den Körper:
Das Tigerauge aktiviert das Bewegungszentrum, stärkt die Knochen und die Gelenke. Seine goldbraune Farbe erwärmt unseren Körper, vor allem unsere Atemwege. So wirkt das Tigerauge lindernd bei Atemnot und Asthma. Es wirkt beruhigend auf unsere Nerven im Stoffwechselsystem. Das Tigerauge hilft nervös abschweifenden und unaufmerksamen Menschen, ihre Gedanken und Geisteskraft zu konzentrieren. Er ist deshalb ein sehr wertvoller Stein für schulpflichtige Kinder. Mit seinen bestimmten Schwingungen kräftigt das Tigerauge willensschwache, mutlose Menschen. Es kräftigt und stärkt die Leber und ist bakterienhemmend. Es ist besonders für stressgeplagte Menschen gut und kräftigt das Sonnengeflecht.

Wirkung auf die Psyche:
Das Tigerauge erfüllt uns mit Wärme und Geborgenheit. Es schärft unsere Gedanken, die sich auf den Umgang mit der Materie richten. Das Tigerauge wird für all die Menschen eine wertvolle Hilfe sein, die Schwierigkeiten im Umgang mit finanziellen Angelegenheiten haben.

Sternzeichen:
Das Tigerauge ist dem Zeichen des Zwillings, der Jungfrau und dem des Löwen zugeordnet.

Chakra-Anordnung:
Das Tigerauge gehört zum Sonnengeflecht oder Solarplexus-Chakra.

Besonderheiten:
Für die Stärkung der Konzentration ist es gut, ein Tigerauge bei der Denkarbeit bei sich zu tragen. Bei schulischen oder anderen Prüfungen ist es empfehlenswert, ein Tigerauge vor sich aufzustellen.

Angebot und Pflege:
Das Tigerauge ist als Rohstein, Handschmeichler, Anhänger und als Schmuck, teilweise als kunstgewerbliche Arbeit auf dem Markt erhältlich. Pflege: zwei- bis dreimal monatlich unter dem fliessenden Wasser reinigen und während zirka 2 bis 3 Stunden an der Sonne aufladen.

GOLD-TOPAS (Edel-, gelber Topas)

Allgemeines:
Gelb, rosa, farbloses bis hellblaues Tonerdesilicat, dessen farbgebende Substanzen Eisen und Chrom sind. Vorkommen in Zinneinlagerungen in Brasilien, Sri-Lanka, in den USA, im Ural und in Südwestafrika.

Wirkung auf den Körper:
Der goldgelbe Topas ist ein Stein mit sehr sanfter Schwingung. Er stimuliert den gesamten Organismus, harmonisiert und beruhigt die Nerven. Man setzt ihn zur Kräftigung des Herzens, des Kreislaufs und zur Entspannung des Solar-Plexus-Chakras ein. Er hilft bei Depression, Nervenanspannung, Schlaflosigkeit und Erschöpfungszuständen. Im weiteren hilft er bei Lebererkrankungen, stimuliert die Geschmacksnerven und stärkt die Drüsen. Er kräftigt die Wirbelsäule und hilft bei nervösen Kopfschmerzen. Er hilft bei Atemnot, Bronchitis, Husten und Erkältungskrankheiten.

Wirkung auf die Psyche:
Der gelbe oder der Gold-Topas stärkt unsere Konzentration, Kreativität und unser Bewusstsein. Er inspiriert uns zum höheren Denken und beflügelt unsere Seele. Er gibt uns Freude, ein sonniges Gemüt und viel harmonischen Frieden.

Sternzeichen:
Der Gold-Topas gehört dem Zeichen des Löwen und des Zwillings an.

Chakra-Anordnung:
Am besten für das Solarplexus-Chakra geeignet.

Besonderheiten:
Bei Depressionen und damit verbundener Schlaflosigkeit wird empfohlen, einen Gold-Topas mit ins Bett zu nehmen. Zudem können Sie bei Stress, enormer Nervenanspannung, sowie bei Energiemangel, ein Elixier machen, indem Sie einen Gold-Topas während 12 Stunden in ein Glas Wasser legen und dieses Wasser am Abend vor dem Zubettgehen trinken.

Angebot und Pflege:
Den Gold-Topas gibt es meist nur als kleinen Rohstein, Handschmeichler, Anhänger und begrenzt als Schmuck, der meist leicht nachgefärbt wird. Wenn Sie Elixier machen, ist es wichtig, dass Sie den Stein nach jedem Wechseln unter dem fliessenden Wasser reinigen, Ketten nur zweimal im Monat. Sie dürfen den Gold-Topas an der Sonne aufladen.

BLAU-TOPAS

Allgemeines:
Herkunft und Zusammensetzung wie der Gold-Topas.

Wirkung auf den Körper:
Der Blau-Topas ist ein hervorragender Stein für das Hals-Chakra. Er kräftigt die Stimme, hilft bei Halsentzündungen und Heiserkeit. Er stärkt die Nerven, nimmt die Angst, lindert Depressionen und ist hilfreich bei nervösen, stressbedingten Kopfschmerzen. Aber auch wenn Sie unter Thrombosen und Krampfadern leiden, vermag der Blau-Topas zu helfen, am besten durch Auflegen eines Steins auf der kranken Stelle. Er beeinflusst den Magen und die Hypophyse und stimuliert das sympathische Nervensystem.

Wirkung auf die Psyche:
Er erinnert uns mit seiner Farbe immer an einen blauen Himmel. Er verhilft uns zu Inspiration. Er hilft uns, verfestigte Gefühlsstrukturen und Denkmuster aufzulösen. Er ist ein idealer Stein für Künstler(innen), Sänger(innen) Musiker(innen) und Maler(innen) – am geeignetsten ist es, wenn Sie ihn als Anhänger oder noch besser als Kette tragen.

Sternzeichen:
Der Blau-Topas gehört zum Zeichen des Schützen und Wassermanns.

Chakra-Anordnung:
Dieser bezaubernde Stein wird dem Stirn-Chakra und dem Hals-Chakra zugeteilt.

Besonderheiten:
Empfehlenswert ist, wenn man seine Stimme zum Vortragen braucht – z.B. zum Singen – jeden Tag während 20 Minuten einen Blau-Topas auf das Hals-Chakra zu legen.

Angebot und Pflege:
Den Blau-Topas gibt es als Handschmeichler, Anhänger und als Schmuck, eher in beschränkter Auswahl. Reinigen Sie den Blau-Topas nach jeder Anwendung mit fliessendem Wasser, während zirka zwei Stunden an der Sonne aufladen.

TÜRKIS

Allgemeines:
Türkisfarbenes Tonerde-Phosphat, in Knollen wachsend, dessen farbgebende Substanzen Kupfer und Eisen sind. Meist in Spalten vorkommend mit aluminiumhaltigen Gesteinen. Hauptvorkommen in Arizona, Nevada, China, dem Tibet und in Mexiko.

Wirkung auf den Körper:
Der Türkis hilft bei mangelnder Funktion der Leber und der Drüsen. Er stärkt die Augen, lindert Augenerkrankungen und kräftigt den Kreislauf. Er lindert Halsentzündungen, Lungenerkrankungen und Erkrankungen der Atemwege. Er hilft bei Depressionen und kräftigt das Herz. Der Türkis wird bei allen Krankheiten eingesetzt, die mit Nährstoffmangel zu tun haben, so z.B. bei Magersucht. Er vermehrt die Durchblutung des Muskelgewebes, besonders bei Bänder- oder Sehnenrissen. Auch bei Sauerstoffmangel, bei Blutvergiftung und Stress, ist der Türkis mit seiner fröhlichen Ausstrahlung wohltuend. Er hilft bei viren- und bakterienbelasteten oder entzündeten Körperzonen. Dem Türkis wird nachgesagt, dass er sich in seiner helfenden Funktion seiner Kapazitätsgrenzen nicht bewusst wird und ist. Es ist deshalb sehr wichtig, ihn bei der Arbeit zu beobachten. Verfärbt er sich oder zerspringt er sogar, hat er seine Kraft für Sie total hergegeben. Einen so total erschöpften Stein sollten Sie unverzüglich der Mutter Erde zurückgeben, damit er sich erholen kann.

Wirkung auf die Psyche:
Der Türkis ist ein starker Schutzstein, auch bei Reisen. Im besonderen soll er Pferd und Reiter vor Sturz bewahren. Er gilt als Talisman des Flugpersonals. Der Türkis macht traurige, deprimierte Menschen wieder fröhlich und gibt ihnen so die nötige Kraft, Schweres leichter zu verschaffen. Er verleiht uns Selbstsicherheit und gibt uns bei Vorträgen die Sicherheit, unsere Anliegen gezielt und sicher vorzubringen. Er bewahrt vor Angst- und Alpträumen. Er hält negative, störende und schädliche Einflüsse und Schwingungen von unserer Aura fern, ja, er kann sie sogar absorbieren.

Sternzeichen:
Der Türkis ist dem Zeichen des Wassermanns, nach indianischer Tradition auch dem Zeichen des Fisches zugeordnet.

Chakra-Anordnung:
Der Türkis ist dem Hals- oder Kehl-Chakra zugeordnet.

Besonderheiten:
Autofahrer und Reisende sollten einen Türkis bei sich haben, er bewahrt vor Unglück und Unfällen. Kindern die stottern, lege man jeden Tag einen Türkis während zirka 10 Minuten auf das Hals-Chakra auf.

Angebot und Pflege:
Der Türkis ist als Rohstein (eher kleine Stücke), Handschmeichler, Anhänger und als Schmuck auf dem Markt. Die wohl schönste Variation ist der Türkis aus Arizona Es ist wichtig, dass Sie den Türkis immer beobachten, damit Sie ihn rechtzeitig entladen können. Er ist sehr empfindlich und weich. Es ist daher wichtig, den Türkis nicht mit Wasser zu entladen, sondern mit trockenem Meersalz. Reinigen Sie ihn lieber einmal zu viel als einmal zu spät. Seife, Chemikalien und dergleichen schaden dem Türkis – also bitte meiden. Ich empfehle, den Türkis nicht an der Sonne aufzuladen.

TURMALIN

Allgemeines:
Ein vielfarbenes Borsilicat, als stabähnliche Kristalle wachsend, dessen farbgebende Substanzen Chrom, Mangan, Nickel, Kobalt und Titan sind. Durch reiben lädt sich der Turmalin elektrisch auf. Seine Farben sind schwarz, grün, rot, rosa bis farblos. Bedeutendste Fundorte sind Madagaskar, Brasilien, Sri-Lanka, USA, Südwestafrika, Mozambique und Pakistan.

GRÜNER TURMALIN

Wirkung auf den Körper:
Der grüne Turmalin hilft bei Blutvergiftung, Infektionskrankheiten, Blutarmut und Erkrankung der Lymphgefässe. Er beruhigt die Nerven und stärkt die Konzentration. Auch Krebs im Vorstadium lässt sich mit Turmalin behandeln, die Hormone werden reguliert und genetische Störungen gelindert. Er hilft bei Gleichgewichtsstörungen, Multipler-Sklerose, Parkinson-Krankheit und bei Epilepsie. Er vermindert die Depressionen und stärkt die Nerven. Seine verschiedenfarbenen Grüntöne lassen das kranke und strapazierte Herz gesunden.

Wirkung auf die Psyche:
Der grüne Turmalin löst psychische Probleme, die mit dem Vater zusammenhängen. Er festigt die Beziehungen und gibt uns Harmonie und Familiensinn. Er bringt unsere Stimmungsschwankungen wieder ins richtige Lot.

Sternzeichen:
Der grüne Turmalin gehört zum Zeichen des Steinbocks.

Chakra-Anordnung:
Dieser Stein wird dem Herz-Chakra zugeteilt.

Angebot und Pflege:
Grünen Turmalin gibt es nur in beschränktem Angebot, meist nur als Handschmeichler und als Anhänger. Ein- bis zweimal im Monat unter fliessendem Wasser entladen und an der Sonne aufladen.

SCHWARZER TURMALIN (Schörl)

Wirkung auf den Körper:
Er stimuliert die Reflexpunkte, die mit dem Steissbein in Verbindung stehen. Mit diesem Chakra verbundene Unausgewogenheiten wie Arthritis Legasthenie, Orientierungslosigkeit, Ängste, Herzkrankheiten und Nebennierenstörungen werden so gelindert. Der schwarze Turmalin stärkt das Muskelsystem, das Lymph- und das gesamte Nervensystem. Im weiteren aktiviert er den Kreislauf und stärkt das Herz. Mit schwarzen Turmalistäben können wir jegliche Art von Energieblockaden lösen und behandeln. Diesen Stein kann man auch zur Linderung von Neurosen und zur Stärkung des Geruchssinns einsetzen.

Wirkung auf die Psyche:
Der schwarze Turmalin bietet Schutz gegen Negativität, Erdstrahlen usw., deswegen sollte man ihn immer auf dem Körper tragen. Aber auch vor neidischen, gierigen Mitmenschen kann er uns beschützen. Der schwarze Turmalin ist der kräftigste Schutzstein, den wir kennen. Wir sollten ihn aber immer mit grossem Respekt und Verantwortungsbewusstsein einsetzen.

Sternzeichen:
Der schwarze Turmalin gehört zum Zeichen des Skorpions und des Steinbocks.

Chakra-Anordnung:
Dieser Stein wird dem Basis- oder Wurzel-Chakra zugeteilt.

Besonderheiten:
Entstören und schützen Sie Ihren Wohn- und Schlafbereich, sowie Ihren Arbeitsbereich mit einem schwarzen Turmalin, am besten gemeinsam mit Rosenquarz oder Bergkristall.

Angebot und Pflege:
Den schwarzen Turmalin gibt es nur als Rohstein und als Anhänger auf dem Markt. Regelmässig, einmal in der Woche, unter fliessendem Wasser entladen und während 2 Stunden an der Sonne aufladen.

BLAUER TURMALIN (Indigolith)

Wirkung auf den Körper:
Der blaue Turmalin aktiviert unser Kehl-Chakra. Seine Eigenschaften neigen mehr zur weiblichen Seite. Er stärkt die Lungen, den Kehlkopf, die Schilddrüsen, die Hormone und das Immunsystem. Er regt den Stoffwechsel und die Thymusdrüse an und stärkt das parasympathische Nervensystem. Er hilft bei Konzentrationschwierigkeiten und lindert psychosomatische Erkrankungen.

Wirkung auf die Psyche:
Er hilft uns, unsere Ziele zu verwirklichen und ihnen treu zu bleiben. Er nimmt die Negativität in uns.

Besonderheiten:
Besonders wirksam ist der blaue Turmalin, wenn man ihn gleichzeitig mit einem grünen Turmalin verwendet.

Angebot und Pflege:
Der blaue Turmalin ist sehr schwer zu bekommen. Bis jetzt ist er mir nur als kleiner Rohstein bekannt. Regelmässig einmal in der Woche unter fliessendem Wasser entladen und an der Sonne aufladen.

ROSA TURMALIN (Rubelit)

Wirkung auf den Körper:

Der rosa Turmalin hilft bei Schwindelanfällen, als Stärker des Gedächtnisses und des Herzens. Er lindert Erkrankungen der Nägel und der Nerven. Er lindert gewisse Arten von Unfruchtbarkeit, Geschlechtskrankheiten und Menstruationprobleme. Aber auch bei Arthritis bringt er Erleichterung. Er kräftigt die Blutgefässe. Der rosa Turmalin aktiviert das Immunsystem, lindert somit alle Infektionserkrankungen. Er entgiftet die Leber und regt die Lymphe und die Hormone an, schützt vor negativen Strahlen, wie Röntgenstrahlen usw.

Wirkung auf die Psyche:

Der rosa Turmalin ist mehr zur männlichen Seite hin ausgerichtet. Er befreit uns von Angst, verhindert beziehungs- und partnerschaftliche Enttäuschungen. Er gibt uns Willenskraft, Selbstachtung und Ausdrucksvermögen, stärkt unsere Konzentration und lindert psychosomatische Krankheiten. Er öffnet und ebnet vor allem unsere Liebesfähigkeit, verströmt kräftige Schwingungen der Freude und der Begeisterung für unser Leben.

Sternzeichen:

Der rosa Turmalin wird dem Zeichen des Widders, der Waage und des Skorpions zugeordnet.

Chakra-Anordnung:

Dieser Stein wird dem Herz-Chakra zugeteilt, wo er von den Wunden des Lebens zu befreien vermag. Er lässt uns über das Herz-Chakra Ruhe und Harmonie aufnehmen.

Angebot und Pflege:

Der Rubelit oder rosa Turmalin ist als Rohstein, Handschmeichler und als Anhänger erhältlich. Als Schmuck ist er sehr wenig zu sehen und sehr teuer. Regelmässig unter fliessendem Wasser entladen. Es ist besser, wenn Sie den Rubelit nicht an der Sonne aufladen.

TURMALINQUARZ

Allgemeines:
In durchsichtigem Quarz gewachsene Turmalinstäbchen. Vorkommen in Brasilien, Madagaskar und Ceylon.

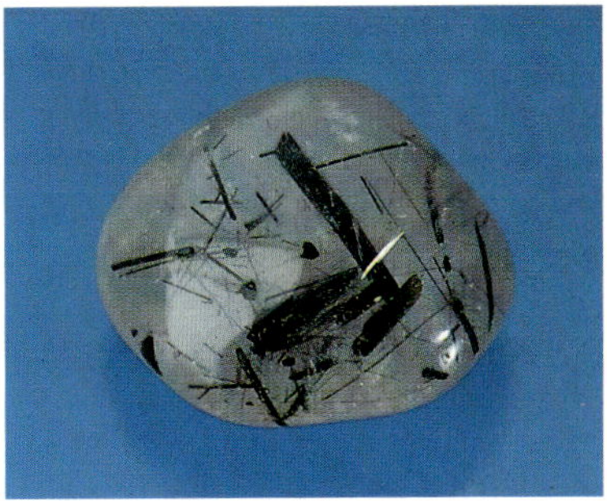

Wirkung auf Körper und Psyche:
Der Turmalinquarz stärkt uns bei allen Neuanfängen, wie nach einem Todesfall, nach einer Trennung und bei einem Vorsatz, den wir zur Änderung unseres Lebens gefasst haben. Er hilft uns, «Schweres» leichter zu verarbeiten und ermöglicht uns so einen neuen, harmonischen Start.

Besonderheiten:
Menschen, die Probleme mit sich und ihrem Partner haben, sollten einen Turmalinquarz tragen. Es wird alles leichter und weniger verkrampft gehen.

Angebot und Pflege:
Den Turmalinquarz gibt es als Rohstein, Handschmeichler, Anhänger und zu Schmuck verarbeitet. Einmal im Monat, bei starker Beanspruchung wöchentlich, unter fliessendem Wasser entladen, während 2 bis 3 Stunden an der Sonne aufladen.

ZIRKON

Allgemeines:
Meist farblos, gelb, braun, orange bis violett, meist abgerollt auf Seifen. Die uns bekannteste, gelbrote bis rotbraune Variante ist der Hyazinth. Wichtigste Fundstellen in Kambodscha, Birma, Thailand, Ceylon, Tansania und Brasilien.

Wirkung auf den Körper:
Zum Heilen brauchen wir immer den rotbraunen Hyazinth, er eignet sich am besten. Er lindert Allergien und Ausschläge, hilft bei Asthma, Bronchialerkrankungen und Beschwerden im Lungenbereich. Er aktiviert die Bauchspeicheldrüse, die Leber und die Milz und lindert Darmstörungen. Er lindert Gicht und deren Schmerzen.

Wirkung auf die Psyche:
Der Zirkon beruhigt emotional geladene Menschen und bringt unsere inneren Kräfte wieder in Einklang.

Angebot und Pflege:
Der Hyazinth ist meist nur als Rohstein oder naturbelassen als Anhänger erhältlich. Geschliffen sind nur kleine, relativ teure Stücke zu kaufen. Am besten in einem trockenen Meersalzbad einmal im Monat entladen.

ZOISIT

Allgemeines:
Der Zoisit ist ein grau-grünes bis gelbliches Calciumalumosilicat. Hauptvorkommen in Tansania.

Wirkung auf den Körper:
Er kräftigt beim Mann die Geschlechtsteile und bei der Frau den Gebärmutterhals, dadurch besteht erhöhte Fruchtbarkeit. Ausserdem kräftigt und stärkt er das gesamte Nervensystem.

Wirkung auf die Psyche:
Der Zoisit hilft uns auf der Erde zu bleiben, d.h. nicht abzuheben.

Angebot und Pflege:
Der Zoisit ist als Rohstein, Handschmeichler, Anhänger, wenig als Schmuck verarbeitet auf dem Markt. Einmal monatlich unter fliessendem Wasser entladen, reicht. Er darf an der Sonne aufgeladen werden.

BESCHWERDEN UND SYMPTOME	EDELSTEINE
A	
Abführmittel	Magnesit, roter Jaspis
Abgehobensein	Rauchquarz, Obsidian
Absorbieren:	
- versch. Belastungen z.B.	Rosenquarz, schwarzer Turmalin (Schörl)
- negativer Überpotentiale	Bergkristall-Pyramide, Kunzit
- Magnetfelder Radon	Sugilith, Rosenquarz
Abgespanntheit	Chrysopras, Heliotrop, schwarze Jade
Abmagern	Magnesit, roter Jaspis, Grauquarz
Abwehrkräfte stärken	Granat, schwarzer Turmalin, Bergkristall
Abszesse	Bernstein, Rosenquarz, Granat
Achselschweiss	Aventurin, Pyrit-Achat
Ägyptische Krankheit (Augeninfektion)	Malachit
Aggressionen abbauen	Rosenquarz, Aquamarin
Aids	Sugilith, Turmalin, Aquamarin, Hämatit
Akne	Aventurin, Aventurinwasser, Peridot
Alkoholiker	Amethyst,Turmalinquarz, Sugilith
Allergien	Aventurin, Bernstein, Peridot, Zirkon
Altern, frühzeitiges	Diamant, Saphir, Rubin, Smaragd
Altersschwäche	Koralle
Alpträume	Amethyst, Blau-Topas, Rutilquarz
Alzheimer Krankheit	Turmalin, Onyx, Sugilith
Analfistel,-fissur	Diamant
Anämie	Rubin, Granat, Hämatit, Koralle, Rhodochrosit
Androgonie	Aquamarin, Chalcedon, Rutilquarz, Bernstein
Angina	Rosenquarz, Aquamarin, Amethyst, Heliotrop
Angina pectoris	Sodalith, auf Stirn o.Hals, Sternsaphir
Angriffslustigkeit	Amethyst, Citrin, Rosenquarz, Gold-Topas
Angst:	
- zustände	Rosenquarz, Turmalin, Tükis, Rhodonit
- vor Dunkelheit	schwarzer Opal
- übertriebene	Amethyst, Rosenquarz
Anregend	Falkenauge, Goldfluss, Rauchquarz
Anstrengung:	
- körperlich	Mokait
- geistig	Saphir
Anspannung, geistige	Malachit-Azurit, Azurit
Antidepressiv	Smaragd, Turmalin, Türkis, Lapislazuli,
Antrieb	Rhodochrosit, Rubin, Granat
Aphten	Sardonyx, Bernstein, Jade

Apathie	rotschimmernder Opal
Appetitlosigkeit	Topas, Blau-Topas, Smaragd
Ärger, Zorn	Rosenquarz, Rubin, Lapislazuli, Topas
Arterien:	
- stärkung	Rosenquarz, Heliotrop, Aquamarin
- verkalkung, -sklerose	Turmalin, Bernstein, Granat, Fluorit, Kunzit
Arthritis (Gelenkentzündung)	Bernstein, Malachit, Granat, Chrysokoll, Azurit, grüner Calcit, Aquamarin
Arthrose	grüner Calcit, Saphir, Bernstein, Aquamarin Malachit, Hämatit
Asthma:	
- allgemein	Bernstein, Tigerauge, Rutilquarz
- chronisch	Bernstein, Gold-Topas, Rutilquarz, Tigerauge
Atem:	
- beschwerden	Bernstein, Rutilquarz, Türkis, Turmalin
- losigkeit	Bernstein
Atemwege:	
- allgemein, stärkend	Aquamarin, Citrin, Türkis, Amethyst
Aufrichtigkeit, mangelnde	Türkis, rosa Diamant
Aufstossen, Sodbrennen	Smaragd, Rutilquarz, Beryll
Augen:	
- allgemein, stärkend	Smaragd, Falkenauge, Bergkristall
- Bindehautentzündungen	Perle, Smaragd
- blutunterlaufende	Smaragd
- brennen	Falkenauge
- ermüdungen	Falkenauge, Smaragd, Bergkristall
- entzündungen	Bergkristall, Smaragd, Onyx-Wasser
- infektion	Smaragd, Falkenauge
- leiden, allgemein	Smaragd, Sodalith
- tränende	Aquamarin, Lapislazuli, Onyx
- verletzungen	Falkenauge
Aufmerksamkeit	Rhodochrosit
Aura:	
- Kräftigung	Bergkristall, Kreis mit 11 Stück
- Schutz	schwarzer Turmalin, Türkis
- Stabilisierung	Labradorit
Alpträume	Rosenquarz, Amethyst, Chalcedon
Ausdauer, fehlende	Rauchquarz, Granat, Karneol
Ausdruck, verstärken	Aquamarin, Lapislazuli, Turmalin
Ausgeglichenheit, fördern	Achat, Moosachat
Aussehen (Hautton)	Hämatit
Aussersinnliche Wahrnehmungen fördern	Rubin, Dioptas, Granat

B

bakterielle Erkrankungen in:	
- Magen, Nieren, Darm, Leber	Smaragd lokal, Rubin
Bandscheiben	Bergkristall, Hämatit, Calcit, Smaragd
Bänderriss, -zerrungen	grüner Calcit
Bauch:	
- allgemein	Wasser-Opal, Nephrit
- schmerzen	Malachit, Pyrit-Sonne
- aus Angst	Malachit tragen
- Verdauung	roter Jaspis, Magnesit, Bergkristall
Bauchspeicheldrüsen:	
- stärkend	Magnesit, Amethyst, Malachit, Moosachat
- entzündung	roter Jaspis auflegen, Pyrit-Sonne, Citrin
Behutsamkeit	Chrysopras, Heliotrop
Beine, geschwollen	Bernstein, Hämatit, Heliotrop
Benommenheit	Saphir
Beruhigung	Amethyst, Rosenquarz, grüner Turmalin
Beständigkeit	Opal
Betäubung	Rauchquarz
Bettnässen	Rosenquarz, Chalcedon
Bewegungs-und Gleichgewichts-störungen	Turmalin, Rutilquarz, Smaragd, Achat
Beziehungen:	
- festigen	Rubin, Smaragd, grün und rosa Turmalin
- ängste; abbauen	Rhodochrosit
Bindegewebe	Rubelit, Rauchquarz
Bioplasmahülle aufbauen	weisser Opal, Amethyst, Smaragd, Bernstein
Bisse (Stiche von Insekten usw.)	Malachit, Onyx, Lapislazuli
Blaue Flecken (Hämatom)	Rosenquarz
Blähungen	roter Jaspis, Citrin, Pyrit-Sonne, Smaragd
Blase:	
- erkrankung	Jade, Heliotrop, Jaspis
- entzündung	Heliotrop auflegen
- stärkend	Jaspis, Jade, Magnesit, Bernstein
Bläschen in der Mundschleimhaut	Smaragd
Blockaden:	
- jeder Art	schwarzer Turmalin, Bergkristall, Turmalin
- emotionale	Feueropal, Obsidian, Tigerauge
- geistige	Bergkristall, Azurit, Fluorit, Malachit
- im Energiesystem	schwarzer Turmalin, Bergkristall, Citrin
Blutdruck:	
- zu hoch	Sodalith, Saphir, Lapislazuli
- zu tief	Rubin, Granat, grüner Turmalin
- stabilisierend	grüner Turmalin

Blut:	
- erbrechen, Bluthusten	Rubin
- ergüsse	Amethyst, Kunzit
- gefässe	Rubelit
- gerinsel	Amethyst, Hämatit
- im Harn	Carneol, Perle
- krankheiten	Diamant, Amethyst, Rubin, Sugilith
- krebs	Turmalin, Sugilith, Rubin, Granat
- körperchen, weisse	Bergkristall, Peridot, Koralle
- Plasma	Moosachat
- reinigung	Amethyst, Rubin, Rhodochrosit, Granat, Hämatit
- sturz, vorbeugend	Chrysopras
- ungen, stillend	Hämatit, Bergkristall, Chalcedon, Perle
- vergiftung	Carneol, Rhodochrosit, Sugilith
- zucker	roter Jaspis auflegen, Elixier
Böser Blick	Türkis, Bernstein, Jett, Turmalin (Schörl)
Bösartigkeit	Amethyst, Alexandrit, Azurit
Brandwunden	Amethyst, Bergkristall, Idigolith
Brechreiz	Chalcedon
Bright'sche Krankheit	Perle, Gold-topas
Bronchialasthma	Bernstein, Rutilquarz, Pyrit-Sonne
Bronchitis:	
- allgemein	Chalcedon, Kunzit, Rubin, Rubin-Zoisit
- akute	Rutilquarz, Pyrit-Sonne, Chrysopras
- chronische	Bernstein, Rutilquarz, Türkis, Aquamarin
Brustdrüsenentzündung	Chalcedon, Bernstein, Aquamarin, Topas
Brustkrebs	Turmalin, Aquamarin, Chalcedon

C

Cholesterin:	
- allgemein	Magnesit, Koralle
- spiegel senken	Rubin, Carneol/Citrin
Choleriker	Lapislazuli, Sodalith, Sternsaphir
Colitis (Dickdarmentzündung)	Smaragd, roter Jaspis, Karneol
Crohn-Krankheit	alle Chakra legen, roter Jaspis

D

Darm:	
- einklemmung	Smaragd
- entzündung	Rutilquarz, Peridot
- grippe mit Durchfall	Rubin
- krämpfe	Carneol, Rutilquarz, Malachit
- krebs	regelmässig alle Chakras, Jaspis, Turmalin
- motorik	Jaspis, Diamant, Chrysokoll
- trakt, stärkend	Jaspis, Bergkristall, Pyrit
- verschlüsse	Smaragd

Delirium	Saphir, Schneeflocken-Obsidian,
Denguefieber	Smaragd
Denken	Azurit, Indigolith, Lapislazuli
Depressionen	Citrin, Turmalin, Lapislazuli, Türkis, Topas
Desinfektion	Bergkristall, Silber
Destruktive Gedanken	Turmalin
Diabetes	Citrin, Diamant, Sodalith, Smaragd, Pyrit-Sonne
Diarrhoe (Durchfall)	Bergkristall, Magnesit, roter Jaspis, Schörl
Dickdarm Erkrankungen	Gold-Topas, Rosenquarz, Calcit, Moosachat
Diphtherie	Lapislazuli, Aquamarin
Disharmonien, seelische	Bergkristall, Chrysokoll
Diskushernie	Bergkristall, Malachit, schwarzer Turmalin
Disziplin	Azurit-Malachit, Lapislazuli, Dolomit
Drittes Auge:	
- stärken	Azurit, Lapislazuli, Sodalith
- öffnen	Lapislazuli, Azurit
Drüsen:	
- erkrankungen	Diamant, Sodalith, Chrysopras
- geschwollene	Aquamarin, Topas, Beryll
- fehlfunktion	Chrysopras, Bernstein, Aquamarin
- entzündung	Aquamarin, Turmalin, Topas, Chalcedon
- störung	Aquamarin, Sodalith, Bernstein, Diamant
Durchblutungsstörungen	grüner Turmalin, Heliotrop, Rubin, Granat
Durchfall	Bergkristall, Jaspis, Magnesit, Smaragd
Durchsetzungsvermögen	Rauchquarz, Sodalith
Dünndarm:	
- stärkend	Achat, Heliotrop, Kunzit
- entzündung	roter Jaspis, Turmalin, Rauchquarz
Duodentitis (Zwölffingerdarm-entzündung)	Smaragd

E

Egoismus, übertriebener	Rhodochrosit, Amethyst
Eifersucht	Diamant
Eierstock:	
- entzündung	Karneol, Rosenquarz,
- geschwulst	Carneol, schwarzer Turmalin
Eileiterentzündung	Karneol, Rosenquarz
Eileiter, stärkend	Chrysopras
Eiterungen	schwarzer Turmalin, Malachit, Hämatit
Eingeklemmte Nerven	Turmalin
Eisenmangel	Hämatit, Granat, Jaspis
Ekzeme	Aventurin, Amethyst, Bernstein, Peridot
Embolie (-gefahr)	Amethyst, Kunzit
Embryowachstum, fördernd	Achat, Moosachat, oranger Achat

Emotionen:	
- ausgleichen	Mondstein, Chalcedon, Chrysokoll, Kunzit
- Konflikte	rosa Turmalin, Mondstein, Rosenquarz
- Verletzungen	Wassermelonen-Turmalin
Empfindlichkeit	Rhodonit, Alexandrit
Endocarditis (Hirnhauterkrankung)	Rubin, Diamant
Endokrinum	Citrin
Energie:	
- fluss	grüner Turmalin
- mangel	Rubin, Bergkristall, Granat
Entbindung:	
- einfache, schnelle	Jade, roter Jaspis, Chrysopras
Entgiften	Citrin, Peridot, Herkimer, Heliotrop
Entscheidungsprobleme	Azurit, Bernstein, Saphir, Rubin
Entschlacken	Magnesit, Zirkon, Heliotrop, Koralle
Entzündungen	Bernstein, Smaragd, Saphir, grüner Turmalin
Epilepsie (Fallsucht)	grüner Turmalin, Achat, Diamant, Amethyst
Erbrechen	Chalcedon, Smaragd, Lapislazuli
Erden, Verwurzelung	Schneeflocken-Obsidian
Erfolg:	
- unterstützend	Bernstein, Granat
- losigkeit	Citrin, Granat
Erkältungen	Rutilquarz, Aquamarin, Tigerauge, Türkis
Ermüdungserscheinungen	Bergkristall, Granat
Erregung	Chalcedon, Magnesit
Erschöpfung:	
- allgemein, stärkend	Rubin, Bergkristall, Rauchquarz, Granat
- nervöse	Gold-Topas, Aquamarin
Erdstrahlen, neutralisieren	Rosenquarz, schwarzer Turmalin, Kristall
Erysibel (Rose, Wundrose)	Bernstein, Turmalin

F

Familienprobleme, lösen	Smaragd, grüner Turmalin, Rosenquarz
Farbenblindheit	Amethyst, Falkenauge
Fehlgeburt (verhütend)	Achat, Rubin, Chrysokoll
Fettsucht	Turmalin, Magnesit, Jade, Citrin
Fettgewebe	Amethyst, Malachit, Bergkristall
Fieber:	
- allgemein	Carneol, Smaragd, Perle
- senkend	Saphir, Lapislazuli, Chrysokoll
- Rückfallfieber	Perle
Fischschuppenkrankheit	Bernstein, Turmalin, Peridot
Flechte	Bernstein, Peridot, Turmalin
Föhnanfälligkeit	Bernstein, Amethyst
Frauenleiden	Karneol, Malachit

Frakturen	Calcit, Amethyst, Magnetit
Freude finden	Aventurin, rosa Koralle, Peridot
Freundschaft fördern	Lapislazuli
Frigidität	Peridot
Fremdeinwirkungen	Labradorit, Amethyst, Chrysopras, Diamant
Fruchtbarkeit (steigernd)	Chrysopras, Granat, Mondstein,Königstopas, Malachit, Jade, Rubelit, Koralle, Rosenquarz
Frustration	Opal, Peridot
Führungskraft, stärken	Rubin
Furcht, übertriebene	Amethyst, Aquamarin, Aventurin, Gold-Topas
Füsse:	
- kalte	Schneeflocken-Obsidian
- müde und erschöpfte	Schneeflocken-Obsidian, Bergkristall
- pilz	Jade
Furunkel	Bernstein, Granat, Saphir, Amethyst

G

Galle:	
- allgemein	Jaspis, Heliotrop, Turmalin, Sugilith, Bernstein
- beschwerden	Jaspis, Heliotrop, Jade
- blase	Jaspis, Kupfer
- blasenentzündung	Jaspis, Epidot, Moosopal
- entzündung	Smaragd
- steine/-kolik	Sugilith, Bernstein, Gold-Topas
- unterfunktion	Smaragd
- wege	Jaspis, Smaragd
Gastritis:	Smaragd, Jaspis, Pyrit-Sonne
- krämpfe, Fieber	Smaragd, Saphir, Heliotrop
- chronische	Smaragd, Sugilith, Citrin
Geburt	Jaspis, Achat, Sarder
Gebärmutter	Heliotrop, Selenit, Jaspis, Achat
Gedächtnis:	
- Konzentration	Tigerauge, Selenit, Azurit, Tigerauge
- schwäche	Fluorit, Smaragd
- verlust	Fluorit, Indigolith
Gedanken, negative	Turmalinquarz, Peridot
Gefühl:	
- ausbrüche, unkontrollierte	Amethyst, Chrysopras
- härte	Rosenquarz, Kunzit, Mondstein
- kälte	Sodalith, Charoit
Gefäss-Verhärtung	Dolomit
Gehirn:	
- Harmonisierung	Bergkristall, grüner Turmalin
- Konzentration	Tigerauge, Selenit, Amethyst
- Koordination	Fluorit, Diamant
- stärkend	Amethyst, Saphir, Bergkristall, Amazonit
- Nervenzellen	Amethyst, Amazonit, Saphir

Gehör:	
- allgemein	Bernstein, Onyx
- stärkend	Blau-Topas, Onyx, Lapislazuli
- schwäche	Saphir, Bernstein, Onyx
Geisteskrankheiten	blauer Turmalin, Fluorit, Perle
Geistige:	
- Belastungen	Amethyst, Azurit
- Erschöpfung	Gold-Topas, Carneol, Perle
- Störungen	Fluorit, Saphir
Gelbsucht	Jade, Heliotrop, Koralle, Diamant
Gelenke:	
- allgemein	Calcit, Azurit, Magnetit, Tigerauge
- entzündung	Rosenquarz, Bernstein, Calcit
- schmerzen	Bernstein, Calcit, Saphir
Genickstarre	Turmalin, Kunzit, Magnetit, Malachit
Genetische Erkrankungen	Rhodonit, Granat
Gereiztheit	Rosenquarz, Chalcedon
Geruchsinn	Jaspis, Granat, Rubin
Geschlechts:	
- krankheiten	Granat, Amethyst, Rubelit
- trieb, anregend	Granat
- organerkrankung	Granat
Geschmacksinn, stimulierend	Gold-Topas, Turmalin
Geschwüre:	
- allgemein	grüner Turmalin, schwarzer Turmalin
- Augenlid	Saphir
- Haut	Smaragd
- Magen	Bergkristall, Malachit, Saphir, Rauchquarz
- Verdauungstrakt	Chrysokoll, Smaragd
Geschmeidigkeit des Geistes	Aventurin
Gesichtsrose	Bernstein
Gewalttätigkeit, Neigung zu	Rosenquarz, Heliotrop
Gewebestraffung	Peridot, Heliotrop, Rauchquarz
Gewichtsprobleme	Koralle, Magnesit, Jaspis, Turmalin
Gicht	Bernstein, grüner Calcit, Saphir, Chrysopras
Giftstoffe ausscheiden	Citrin, Magnesit, Jade
Glaube, mangelnder	blauer Spinell
Glaukom (Augen)	Diamant
Gleichgewicht:	
- allgemein	Turmalin, Smaragd, Rutilquarz, Achat
- gewichtsstörungen	Bergkristall, Turmalin, Schneeflocken-Obsidian
Glück, fördernd	Sonnenstein
Grauer Star	Blau-Topas, Kunzit, Falkenauge, Smaragd
Grüner Star	Azurit, Bergkristall, Smaragd, Heliotrop
Grippe	Jade, Smaragd, grüner Turmalin, Perle
Gürtelrose	Aquamarin, Turmalin, Bernstein, Saphir

H

Haar:	
- für gesundes	Lapislazuli, Chrysokoll
- ausfall (Alopezie)	Saphir, Lapislazuli, Amethyst
- hormonell bedingt	Mondstein, Saphir
- flechten	Citrin, Bernstein
- fehlende Pigmentierung	Chrysokoll
- Probleme allgemein	Onyx, Aventurin, Lapislazuli, Achat
Halbseitenkopfschmerz	Bernstein, Amethyst
Halsschmerzen	Aquamarin, Bernstein, Chalcedon
Hals-, Mandelentzündung	Aquamarin, Chrysokoll, Türkis, Topas
Haltlosigkeit	Rauchquarz
Hämorrhoiden	Heliotrop, Hämatit, Magnetit lokal, Malachit
Hämoglobin	Chrysokoll, Granat, Heliotrop
Hände, geschwollene	Aquamarin, Mondstein
Halluzination	Amethyst, Zirkon
Harn:	
- blasenleiden	Turmalin, Jade, Jaspis
- drang	Heliotrop,
- sperre	Jade, Saphir, Bernstein, Carneol
Hass	Amethyst
Haut:	
- ausschläge	Aventurin, Bernstein, Bergkristall, Peridot
- farbe, verbessern	Hämatit
- reinigend	Aquamarin, Amethyst, Citrin,
- unreinheiten, Akne	Aventurin, Bernstein, Peridot, Saphir
- allergisch	Zirkon, Aventurin, Aquamarin
- probleme, allgemein	Aventurin, Bergkristall, Peridot
Heilkräfte anregen	Sugilith
Heiserkeit	Chalcedon, Aquamarin, Chrysokoll
Heimweh	Rosenquarz
Hellsichtigkeit	Bergkristall, Azurit, Sugilith, Amethyst
Hemiplegische Migräne	Bernstein, Amethyst
Hemiplegie (Halbseitenlähmung)	Rubin, Kunzit
Hemmungen	Chalcedon, Opal, Rauchquarz
Hepatitis (Leberentzündung)	Jade, Topas, Heliotrop
Herpes	Bernstein, Turmalin, Granat, Lapislazuli
Herz:	
- allgemein	Aquamarin, Rosenquarz, Kunzit
- Anfall, vorbeugend	Rosenquarz, Aventurin, Aquamarin
- asthma	Turmalin gemischt, Rosenquarz
- beutelentzündung	Saphir
- brennen	Aquamarin, Smaragd
- innenhautentzündung	Rubin, Saphir
- infarkt	Rosenquarz, Wassermelonen-Turmalin

Herz Ct Eva [illegible] auch Jaspisplatte

- klopfen (krankhaft)	Aquamarin, Blau-Topas
- krankheit allgemein	Rubin, Aquamarin
- kranzgefässerkrankung	Aquamarin, Diamant, Kunzit, Beryll
- kräftigung	Gold-Topas, Rubelit, Chrysopras
- krämpfe	Malachit, Kunzit, Türkis
- muskel	Gold-Topas, Granat
- rasen	Hämatit
- rythmusstörungen	Rosenquarz, Rhodonit, Rubin
- stärkung	Rosenquarz, grüner Turmalin
- schmerzen	Saphir
- schwäche	Smaragd, Rubelit, Malachit
Herz-Chakra, reinigen	Rhodonit
Herz-Chakra-Blockaden, lösen	Wassermelonen-Turmalin, Kunzit
Heuschnupfen	Bernstein, Rutilquarz, Zirkon, Carneol
Hexenschuss	Bernstein, Bergkristall, Magnetit, Saphir
Hirnrinde	Kupfer
Hirntumor	schwarzer Turmalin, Onyx
Hirnhautentzündung	Saphir, Perle, Achat, Diamant
Histaminkopfschmerzen	Bernstein, Amethyst, Turmalin
Hitzewallungen	Chalcedon,
Hoden:	Chrysopras, Diamant, schwarzer Turmalin,
- entzündung	Diamant, Perle, Saphir
- krebs	schwarzer Turmalin, Sugilith, Rhodochrosit
Hodgkinsche Krankheit	Moosachat, Lapislazuli
Hoffnungslosigkeit	Chrysopras
Hormon-/Drüsensystem:	
- allgemein	Bernstein, Mondstein, Bergkristall, Zirkon
- drüsen	Bernstein, Bergkristall
- hormonelles Gleichgewicht	Mondstein, Chrysopras, Heliotrop
- störungen	Chalcedon, Aquamarin, Turmalin, Topas
- system	Bergkristall, Heliotrop, Indigolith
- produktion anregen	Zirkon
Hörstörungen, -schäden	Onyx, schwarzer Turmalin, Sarder
Hüftentzündung	Bernstein, Bergkristall, Malachit
Humorlosigkeit	grün-rosa Turmalin
Husten	Bernstein, Tigerauge, Türkis, Rutilquarz
Hypophyse	Amethyst, Bergkristall, Topas, Granat, Saphir
Hyperthyreose, Überfunktion der Schilddrüse	Aquamarin, Smaragd, Chalcedon, Sodalith
Hypertonie	Sodalith, Lapislazuli, Saphir
Hypoglykämie, Verminderung des Blutzuckers	roter Jaspis, Rauchquarz
Hypothyreose, Unterfunktion der Schilddrüse	Lapislazuli, Aquamarin, Smaragd
Hypotonie	Rubin, Granat
Hysterie	Amethyst, Lapislazuli, Perle, Chrysopras

I

Idealismus, mangelnder	Lapislazuli
Immunsystem:	
- stärkung	Sugilith, Rubin, Smaragd, grüner Turmalin
- schwäche	Kunzit, Sugilith, Aquamarin, Amethyst, Smaragd
Impotenz	Granat, Chrysopras
Infektion:	
- allgemein	Bergkristall, Rubin, Kunzit, Malachit
- Abwehr	Schörl, Türkis, Kunzit, Bernstein, Smaragd
Inspiration	Azurit, Lapislazuli, Saphir, Türkis
Intellekt, aktivierend	Fluorit, Diamant, Selenit
Intuition	Amethyst, Azurit, Lapislazuli
Initiative	Rubelit, Perle
Introvertiertheit	Lapislazuli, blauer Turmalin
Ischias	Saphir, Bernstein, Calcit, Carneol

J

Jähzorn	Chalcedon, Saphir, Chrysokoll
Juckreiz	Malachit, Aquamarin, Bernstein
Juckender Hautausschlag	Aventurin, Bernstein, Malachit

K

Kalziummangel	Perle, orange-weisser Calcit
Karzinom	Schörl, Sugilith, Turmalin, Petalith, Charoit
Kälte	Schneeflocken-Obsidian
Kapillaren	grüner Jaspis, Granat, Malachit, Heliotrop
Katarrh	Topas
Karies	Calcit
Kehl:	Aquamarin, Chalcedon
- kopfentzündung	Saphir, Pyrit, Bernstein
- kopfkrebs	Rhodochrosit, Schörl
Keuchhusten (Pertussis)	Aquamarin, Türkis, Bernstein
Klarheit	Azurit, Aquamarin, Amethyst
Kiefer:	
- beschwerden	Aquamarin, Bernstein
- höhlenkatarrh	Aquamarin, Saphir, Türkis
Kinder, beruhigen	Rosenquarz
Kinderlähmung (Polio)	Rubin, Malachit
Kinderkrankheiten	Malachit, Rubin, Smaragd, Turmalin
Klarheit, fehlende	Bergkristall, Azurit, Chrysopras
Knochen:	
- allgemein	Calcit, Tigerauge, Fluorit
- brüche	grüner Calcit, Amethyst
- gewebe, stärkend	grüner Calcit
- markerkrankungen	Topas, Calcit, Koralle, Heliotrop
- markkrebs	Schörl, Sugilith, Sardonyx, Rhodochrosit
- entzündung	Bernstein, Obsidian, Pyrit-Sonne
- wachstum	dunkler Opal, Mondstein

Koliken	Azurit-Malachit, Jade, Malachit
Kopfschmerzen:	
- allgemein	Amethyst, Achat, Saphir, Bergkristall
- Migräne	Amethyst, Falkenauge
- Hinterkopfschmerzen	Topas, Kunzit
- Stirnkopfschmerzen	Amethyst, Saphir, Malachit
Konzentration:	Fluorit, Tigerauge, Amethyst, Sugilith
- mangel	Tigerauge, Selenit, Fluorit
Korrektives Mittel zur	
Charakterverbesserung	Lapislazuli, Carneol
Kräftigung, allgemein	Spinell, Rubin, Magnetit
Krampfadern	Heliotrop, Hämatit, Magnesit, Amethyst
Krämpfe:	
- allgemein	Malachit, Magnetit
- Zuckungen	Bergkristall, Diamant
- Waden	Heliotrop, Hämatit, Amethyst
Krankheit, allgemein	Amethyst
Kreativität	Gold-Topas
Krebs:	Sugilith, Turmalin schwarz und grün, Rauchquarz
- Haut	Smaragd, Amethyst
- geschwüre	Amethyst, Sugilith
- vorbeugend	Schörl, Turmalin blau u. rosa, Selenit
- Vorstadium	Herkimer, Schörl, Malachit, Bergkristall Wasser
Kreislauf:	
- regulierend	Rubin, Granat, Chrysokoll, Lapislazuli
- störungen	Granat, Rubin, grüner Turmalin
- schwächen	Rote Koralle, Rubin, Granat
- verbesserung, allgemein	Hämatit, Lapislazuli, Bergkristall
Kropf	Bernstein, Topas
Krupp, falscher (Pseudo-)	Bernstein, Topas, Türkis, Chrysokoll
Kummer	Lapislazuli
Kundalini, stärkend	Lapislazuli, Carneol

L

Langlebigkeit, fördern	Diamant
Laryngitis (Kehlkopfentzündung)	Bernstein, blauer Turmalin
Lampenfieber	Amethyst
Lebenskraft, Energie	Granat, Rosenquarz, Carneol
Lebensmut	Rosenquarz, Rauchquarz
Lebensmittelvergiftung	Smaragd
Leber:	
- allgemein, stärkend	Jaspis, Carneol, Heliotrop, Aquamarin
- Reinigung	Rhodochrosit, Granat, Topas, Hämatit
- entzündung	Koralle, Mondstein, Carneol
- leiden	Rhodochrosit
- krebs	Sugilith, Rhodochrosit, Schörl, Malachit
- schwäche	Jaspis, Smaragd

Leidenschaft	Saphir,Amethyst
Leistenschmerzen	roter Jaspis, Rauchquarz, Obsidian
Leistungsdruck	Fluorit, Bergkristall
Lesestörungen	Amethyst, Rhodonit, Malachit, Diamant
Lernstress:	Amethyst, Azurit, Fluorit
- schwäche	Turmalin
Lethargie	Koralle, Turmalin
Leukoderma(Hautflecken)	Aventurin, Sugilith, Indigolith
Leukämie	Turmalin, Granat, Aquamarin, Hämatit
Liebe, fehlende Fähigkeit	Rubelit, Rosenquarz, Kunzit
Liebeskummer	Rosenquarz, Malachit
Loslassen, trennen können	Gold-Topas, Grünquarz, Pyrit
Luftwege	Rutilquarz, Tigerauge, Türkis, Labradorit
Luftröhre	Amethyst, Chrysokoll, Blauquarz
Lumbago	Bernstein
Lungen:	
- allgemein	Türkis, Rutilquarz, Bernstein, Amethyst, Pyrit
- erkrankungen	Bernstein, Pyrit, Rutilquarz, Türkis
- entzündung	Magnetit, Bernstein
- stärkung	Bernstein
Lymphe:	
- allgemein, stärkend	Bergkristall, Koralle, Mondstein, Smaragd
- drüsenerkrankung	Bernstein, Topas, Koralle
- knotenschwellung	Moosachat, Mondstein, Aquamarin
- stärkend	Bergkristall, Mondstein
- stau	Mondstein, heller Sugilith
- reinigung	Aquamarin, Mondstein, Sugilith
- zentren, aktivieren	Mondstein, Sugilith

M

Magen-Darm-Entzündungen	Pyrit-Sonne, Jaspis, Citrin, Karneol
Magen:	
- allgemein	Citrin, Smaragd, Bergkristall, Magnesit
- blähungen	Smaragd, Perle
- beschwerden	Heliotrop, Jaspis rot, Magnesit, Bergkristall
- geschwüre	Smaragd, Sugilith, Malachit, Bergkristall
- krämpfe	Rutilquarz, Smaragd, Pyrit-Sonne
- säure	Beryll, Jaspis, Magnesit
- schmerzen	Magnesit, Bergkristall, Jaspis, Pyrit-Sonne
Magersucht	Lapislazuli, Rosenquarz, Achat
Malaria	Sugilith, Schörl, Bernstein
Mandeln:	
- allgemein	Aquamarin, Amethyst, Bernstein
- entzündungen	Aquamarin, Bernstein, Rutilquarz, Chrysokoll
- chronische	Aquamarin, Malachit, Herkimer
Manie (Bessenheit)	Schörl, Perle
Manisch-depressives Verhalten	Kunzit, Gold-Topas, Peridot, Aventurin

Mangelernährung	Koralle, Azurit-Malachit
Marasmus, Kräftezerfall	Rubin, Citrin
Masern	Türkis, Smaragd, Perle
Mastdarm	Jaspis, Schwefel,
Meditation:	Azurit, Bergkristall, Amethyst
- probleme	Azurit, Fluorit, Amethyst
- vertiefen	Azurit
Melancholie	Peridot, Aventurin
Meniere	Kunzit
Meningitis	Sarder
Menorrhagie (überstarke Blutungen)	Jaspis, Perle
Menopause	Mondstein, Diamant
Menses:	
- schmerzhafte	Malachit, Saphir, Jaspis, Carneol
- beschwerden	Malachit, Chrysopras, Mondstein, Jaspis
- störungen	Mondstein, Chrysokoll, Malachit, Rubin
Migräne	Amethyst, Saphir, Falkenauge, Jade
Milchbildung	Chalcedon, weisser Achat, Malachit
Milchfieber	Perle, Smaragd
Milz:	Jade, Malachit, Diamant, Schörl
- leiden	Zirkon, Azurit, Malachit
- störungen	Malachit
Minderwertigkeit:	
- gefühle	Lapislazuli, Rauchquarz
- komplexe	Chrysopras
Mittelohrenentzündung	Saphir, Malachit, Rutilquarz
Mittelhirn	Amethyst
Mitgefühl	Rhodochrosit, Jade
Mondsucht (Nachtwandeln)	Achat, Rosenquarz
Mongolismus	Kunzit
Motorik	Apatit
Müdigkeit	Citrin, Rubin
Mückenstiche	Chrysopras, Lapislazuli
Multiple Sklerose	Rhodonit, Lapislazuli, Turmalin, Schörl
Mumps	Blau-Topas, Aquamarin
Mund	Lapislazuli
Mundschleimhautentzündung	Smaragd
Mundspülungen	Bernstein, Lapislazuli
Muskel:	
- stärkend	Azurit-Malachit
- entzündung	Bernstein, Turmalin, Obsidian
- schwäche	Rubin, Calcit, Hämatit
- rheuma	Bernstein
- dystrophie	Azurit-Malachit
- kater	Türkis, weisser Achat
- system	Obsidian, Bernstein, Azurit-Malachit, Heliotrop

Mut, fehlender	Rhodonit, Rauchquarz, Sardonyx, Achat
Mutlosigkeit	Granat, Diamant, Carneol
Myom	Carneol, Schwarzer Turmalin
Mystische Steine	Amethyst, Saphir, Sugilith, Lapislazuli

N

Nächstenliebe	Malachit
Nacken:	Kunzit, Magnetit, Aquamarin
- Schmerzen	Malachit, Kunzit, Rutilquarz
- Verspannungen	Amethyst, Kunzit, Chrysokoll
Nachtschweiss	Rosenquarz, Kupfer
Nägel:	Onyx
- erkrankungen:	Calcit, Perle
- brüchige Nägel	Calcit, Turmalin, Rhodochrosit
Narben:	
- verheilung	Malachit, Hämatit, Aventurin
- beschwerden	Magnetit, Chrysopras
- entstörung	Sugilith
Nasenbluten	Karneol, Bergkristall, Saphir
Nasenverstopfung	Bernstein
Nasenwege	Türkis, Bernstein
Naturverbundenheit,fehlende	Moosachat, Smaragd
Neid	Rubin
Negative:	
- Gedanken und Gefühle	Turmalinquarz, Peridot
- Schwingungen, Schutz davor	Schörl, Kristall-Pyramide
- Schwingungen und Energien fernhalten	Rosenquarz, Bergkristall, Schörl
Negativität	Chalcedon, Onyx
Nebenhöhlenentzündungen	Rubin im Wechsel mit Saphir
Nebennieren	Rauchquarz, Peridot, Perle
Nebennierendrüsen	Peridot, Rubin, Chrysoberyll, Tigerauge
Nephritis, Nierenentzündung	Saphir, Aquamarin, Lapislazuli
Nerven:	
- allgemein stärkend	grüner Turmalin, Rosenquarz, Gold-Topas
- anspannung	Turmalin, Rosenquarz
- leiden	Malachit
- entzündungen (Neuritis)	Aquamarin, Saphir, Lapislazuli
- schmerzen (Neuralgie)	Saphir, Jade, Magnetit, Amethyst
- schwäche	Gold-Topas
- system, ausgleichend	Aquamarin, Gold-Topas, grüner Turmalin
- beruhigen	Amethyst, Chalcedon, Fluorit
- stärken	grüner Turmalin, Gold-Topas
- zusammenbruch	Gold-Topas
Nervosität .	Amethyst, Gold-Topas, Citrin, Saphir
Nesselsucht (Hautausschlag)	Aventurin, Carneol, Lapislazuli
Netzhautprobleme	Chrysokoll, Sodalith

Neuralgische Schmerzen	Aquamarin, Amethyst, Jade
Neurosen	Saphir, Amethyst, Rubelit
Nieren:	Jade, Heliotrop, Carneol
- entzündung	Jade, Carneol, Smaragd, Diamant
- krankheit	Jade
- koliken	Jade, Heliotrop, Malachit
- steine	Carneol, Rutilquarz, Jade, Türkis
- schmerzen	Jade, Malachit
Niessen, unablässiges	Jaspis, Perle, Zirkon
Neuanfang	Turmalinquarz, Sugilith, Rhodonit
Nymphomanie	Diamant, Perle

O

Ödeme	Amethyst
Ohnmacht (Syncopie)	Rubin, Sugilith
Ohren:	Jaspis
- erkrankungen	Onyx, Bernstein, Saphir
- fluss	Saphir, Malachit
- sausen	Schwarzer Turmalin
- schmerzen	Saphir, Türkis
- Taubheit	Blau-Topas, Gold-Topas, Turmalin
Organverpflanzung	Diamant
Optimismus, fördernd	Turmalinquarz, Peridot, Aventurin
Ovarien	Chrysopras, Rosenquarz, Rauchquarz

P

Panik	Rhodonit, Topas, Fluorit
Pankeras-Erkrankung (Bauchspeicheldrüse)	Malachit, Blau-Topas, Heliotrop
Paralyse (vollständige Lähmung)	Rubin, Diamant
Parkinson Krankheit (Pfeiffer-Drüsenfieber)	Kunzit, Indigolith, Rhodonit, Bernstein
Parasympathicus	Lapislazuli, blauer Turmalin
Partnerschaft, Glück	Sardonyx
Passivität	Rubelith
Past-Life-Erinnerungen	Chrysopras, Baumquarz, Herkimer, Jade
Perikarditis (Herzbeutelentzündung)	Saphir
Pertussis (Keuchhusten)	Aquamarin, Blau-Topas
Perniziöse Anämie	Kupfer, Rubin, Granat
Pessimismus	Saphir
Pflichtbewusstsein, mangelndes	Azurit
Phantasie, anregend	Chrysopras, Granat, Rosenquarz
Phantomschmerzen	Bernstein
Pharingitis (Rachenentzündung)	Chalcedon, Saphir
Pickel	Aventurin, Peridot
Pigmentierung, verbessern	Chrysokoll
Pilze	Malachit, Kupfer
Pilzflechte an Haaren und Nägel	Calcit, Diamant

Pneumonie (Lungenentzündung)	Malachit, Rutilquarz, Türkis, Saphir
Pocken,Wind-	Perle, Malachit, Carneol
Polio (Kinderlähmung)	Rubin
Polarität, erzeugen .	Turmalin
Polypen	Türkis, mit weissem Achat
Potenz (steigernd)	Granat, Rubin, Chrysopras
Potenzschwäche	Granat, Diamant, Turmalin rosa und schwarz
Primärerlebnisse:	
- unterdrückung	Rutilquarz
- Misshandlungen:	Labradorit
Mutter	Mondstein, Perle
Vater	grüner Turmalin, Rubin, Smaragd
Progerie	Landschaftsjaspis
Prostata	Schörl, Chrysopras, Achat, Rauchquarz
Prurigo (juckender Hautausschlag)	Saphir, Aventurin
Prüfungsangst	Rhodonit
Psoriasis (Schuppenflechte):	Bernstein, Schörl, Aventurin, Saphir
- nervlich bedingte	zusätzlich grüner Turmalin
Psychosomatische Störungen	Turmalin, Aquamarin
Puls	Magnetit, Moosachat, Kupfer
Purpura (Blutfleckenkrankheit)	Gold-Topas, Perle

R

Rachitis (engl.Krankheit)	Rubin, Bergkristall
Rachenerkrankung, allgemein	Aquamarin, Chalcedon
Rauchen, abgewöhnen unterstützen	Botswana-Achat, Rauchquarz
Rechtschaffenheit	Jade, Jadeit
Reinheit	Diamant, Jade
Redefähigkeit	Chalcedon,
Regeneration, allgemein	Smaragd, grüner Turmalin
Reinigung	Herkimer, Citrin, Peridot
Reflexsteigerung	Magnesit
Reife	Chrysokoll, Perle
Reisekrankheit	Turmalin, Chalcedon, Schneeflocken-Obsidian
Remitierendes Fieber	Carneol, Perle
Reizbarkeit, übersteigerte	Rosenquarz, Rhodonit
Rheumatismus	Chrysokoll, Bernstein, Malachit
Röntgenstrahlen	Bergkristall, Schörl, Malachit, Türkis
Rücken:	
- Bandscheibenschmerzen	Bergkristall, Magnetit, Calcit
- mark	Chrysokoll
- schmerzen	Bergkristall, Bernstein, Saphir
- stärkung	Bergkristall, Smaragd, Hämatit
- Wirbelprobleme	Calcit, Magnesit, Hämatit, Türkis
- durch Regelschmerzen	Chrysokoll

Ruhe fördern	Jade, Rhodonit
Ruhelosigkeit	Amethyst, Lapislazuli, Gold-Topas
Rückfallfieber	Perle
Ruhr (Dysenterie)	Smaragd

S

Scharlach (Fieber)	Schörl, Malachit, Perle, Carneol
Schädel	Diamant
Schilddrüsen:	
- allgemein	Chalcedon, Chrysokoll
- krankungen	Chrysokoll, Chalcedon, Rhodonit
- regulierung	Chrysokoll, Bergkristall, Kunzit, Magnesit
Schlaf:	
- losigkeit .	Amethyst, Saphir, Rosenquarz
- schlechtes Einschlafen	Amethyst, Blau-Topas, Saphir
- nicht durchschlafen	Rosenquarz, Sodalith, Rutilquarz
- krankheit	Rhodochrosit, Tigerauge
Schlaganfall	Lapislazuli, Diamant
Schlechte Laune	Heliotrop, Smaragd
Schleimhäute, balsamieren	Aquamarin, Citrin
Schluckbeschwerden	Aquamarin, Rutilquarz, Türkis
Schöpferisches Denken	Rhodochrosit, Rosenquarz
Schock	Gold-Topas, Rauchquarz, Rhodonit
Schmerzen, starke	Malachit, Bergkristall, Turmalin
Schnupfen	Rutilquarz, Schörl, Türkis, Rubin
Schulschwierigkeiten	Amethyst, Citrin, Chalcedon
Schuldkomplexe, abbauen	Wassermelonen-Turmalin
Schuldgefühle	Chrysokoll
Schüttelfrost	Rubin
Schüchternheit	Lapislazuli
Schulter	Magnetit, Kunzit, Diamant
Schulter-, Nackenverspannungen	Chrysokoll, Kunzit, Magnetit
Schutzsteine	Türkis, Amethyst, Chrysokoll, Chrysopras, Bernstein, Citrin, Tigerauge, Falkenauge
Schuppen	Aventurin, Saphir
Schuppenflechte (Psoriasis)	Bernstein, Aventurin, Peridot
Schwächegefühl	Rubin, Granat, Bergkristall
Schwangerschaft:	Jade
- erbrechen	Jaspis
- müdigkeit	Hämatit
- stärkung	Achat, Jade,
Schwarze Magie, Schutz davor	Schörl, Türkis
Schwellungen	Lapislazuli, Smaragd
Schwerhörigkeit	Achat, Jaspis
Schwermetalle, Abbau	schwarzer Turmalin (Schörl)
Schwermut, Trübsinn	Peridot, Kunzit
Schwindel	Bergkristall, Saphir, Turmalin, Amethyst

Schwindsucht	grüner Turmalin, Mondstein
Schwitzen	Mondstein, Saphir
Schweiss	Saphir
Schweissprobleme	Waschungen mit Jadeit
Schizophrenie	Kunzit, Mondstein, Saphir, Smaragd
Seekrankheit	Chalcedon, Rubin, Schneeflocken-Obsidian
Seelisches Gleichgewicht	Rosenquarz, Malachit, Grünquarz, Aventurin
Sehkraft:	
- erhaltend	Falkenauge, Smaragd, Rubin
- steigernd	Smaragd, Sodalith
- schwäche	Smaragd, Falkenauge, Saphir, Rubin
Sehnenentzündung	Bernstein, grüner Calcit
Selbstheilzentrum, aktivieren	Labradorit, Rubelit, Azurit, Malachit
Selbstbewusstsein, stärkend	Diamant, Rauchquarz
Selbstmordgedanken, auflösend	Citrin, Turmalin, Rauchquarz, Sodalith
Selbstmitleid	Citrin, Peridot
Selbstvertauen	Citrin, Rhodonit, Rosenquarz, Lapislazuli
Senilität	Koralle
Septicämie	Carneol, Perle
Sexualtrieb, anregend	Chrysopras, Granat, Rubin, Diamant
Sexuelle Probleme	Chrysopras, Diamant, Rubelit, Zoisit
Sinnesorgane, stärkend	Saphir, Lapislazuli
Sinus	Moosachat, Kupfer
Skoliose	Bernstein, Turmalin, Obsidian
Skelett	Magnesit, Malachit, Rubelit, Granat
Sodbrennen/Aufstossen	Citrin, Peridot, Rutilquarz, Smaragd
Solarplexus:	Citrin, Rutilquarz, Gold-Topas, Pyrit-Sonne
- beruhigen	Pyrit-Sonne
Sonnengeflecht, harmonisieren	Pyrit-Sonne, Gold-Topas, Citrin
Sonnenstich	Bergkristall, Chrysopras, Jadeit
Sorgen, übersteigerte	Rubelit, Peridot, Turmalinquarz
Spasmen	Magnesit, Rubin, Hämatit
Spermatorrhoe	Diamant
Sprachstörungen	Chalcedon, Aquamarin, Blau-Topas
Stärkung, allgemein	Herkimer, Smaragd, Bergkristall
Steinleiden:	
- Niere/Blase	Carneol, Jade, Rutilquarz, Türkis
- Galle	Smaragd, Heliotrop, Jaspis, Koralle
Steissbein	Schörl, Chrysokoll, Opal
Sterilität	Diamant, Chrysopras
Stimmbänder-Probleme	Chalcedon, Blau-Topas, Chrysokoll
Stillen	Chalcedon
Stoffwechsel:	
- störungen	Citrin, Aquamarin, Rubin, Carneol, Saphir
- Nebenorgane	Smaragd
- anregend, öffnend	Rubin, gelber Fluorit

Starrköpfigkeit	Rutilquarz
Strahlenschäden	Malachit, schwarzer Turmalin
Stirne	Azurit, Azurit-Malachit
Stirnhöhle	Moosachat, Bernstein, Kupfer
Stomatitis (Entzündung der Mundschleimhaut)	Smaragd
Stottern	Chalcedon, Saphir, Türkis
Streit (unter Paaren)	Magnetit
Stress:	Citrin, Pyrit-Sonne, Amethyst
- abbauen	Pyrit-Sonne, Amethyst, Lepidolit
Stütz- und Bindegewebeschwäche	Rauchquarz, Turmalin
Sturheit	
Suchtkrankheiten	Amethyst, Sugilith, Kunzit, Pyrit, Rubin
Synapsen	Diamant, Amazonit

T

Tagträumereien, übersteigerte	Schneeflocken-Obsidian, Obsidian
Tatkraft, fördernd	Granat, Magnetit, Carneol
Taubheit	Saphir, Blau-Topas, Bernstein, Turmalin
TBC	Magnesit,Turmalin
Telepatie, zum Herbeiführen	Granat, Rubin
Thrombose (Embolien)	Amethyst, Kunzit, Topas
Thymusdrüse (Herz)	Aquamarin, Azurit, Gold-Topas, Amethyst
Todesangst	Kupfer
Toleranz, mangelnde	Chrysokoll
Tranformation, geistig	Selenit, Sodalith
Trägheit, fehlender Antrieb	Granat, Carneol, Rubin, Zirkon
Tränenkanal	Bergkristall auflegen
Trauer	Grünquarz, Amethyst, Peridot, Pyrit
Traumaktivität, bewusste	Lapislazuli
Traumerinnerung	Herkimer, Diamant
Traurigkeit	Hyazith, Rubin, Citrin
Treue, mangelnde	Sodalith, Saphir, Topas, Rubin
Trigeminusneuralgie, Gesichtsschmerzen	gem.Turmalin, Bernstein
Trunksucht	Amethyst, Achat, Fluorit
Tuberkulose	Zirkon, Kupfer, Amethyst, Magnetit
Tumore	Herkimer, Schörl, Rhodochrosit,
Typhusartiges Fieber	Schörl, Kupfer, Perle, Carneol
Thyphus	Kupfer, Schörl, Smaragd

U

Überaktivität	Amethyst, Lepidolith
Überheblichkeit	Rosenquarz,
Übelkeit	Jaspis, Bergkristall
Übersäuerung	Heliotrop, Calcit, Peridot
Übersensibilität	Chalcedon, Sodalith
Überempfindlichkeit	Magnesit

Überzeugungskraft, mangelnde	Magnesit,
Unbewusste Ängste	Schörl, Smaragd, Jade, Aventurin
Unbeholfenheit	Feuerachat
Unausgeglichenheit:	
- allgemein	Amethyst, Indigolith, Chalcedon
- emotionale	Sugilith, Sodalith, Diamant
Unfreundlichkeit	Rosenquarz
Unfruchtbarkeit	Chrysopras, Granat, Mondstein, Jade
Unglück, allgemein	Türkis, Amethyst, Chrysokoll
Unruhe:	
- allgemein	Amethyst, Kunzit, Sodalith
- innere	Gold-Topas, Malachit-Azurit, Saphir, Citrin
Unsicherheit:	
- allgemein	Amethyst, Chalcedon, Indigolith
- innere	Sugilith, Sodalith, Carneol
Unstabilität, Flatterhaftigkeit	Bergkristall, Schneefl.-Obsidian
Unterbewusstes, klärend	Rhodochrosit, Chrysokoll, Mondstein
Untergewicht	Carneol, Citrin
Unterleibsschmerzen	roter Jaspis, Carneol, Rauchquarz
Urintrakt-Erkrankungen	Jade, Carneol, Heliotrop, Achat

V

Venen:	
- schmerzen	Amethyst, Turmalin, Carneol
- verengungen	Turmalin, Kunzit
Verbrennungen	Chrysokoll, grüner Calcit, Hämatit
Verbrühungen	Calcit, Smaragd, Hämatit
Verantwortung	Fluorit
Verdauung	Bergkristall, roter Jaspis, Magnesit, Malachit
Verdauungsstörungen	roter Jaspis, Magnesit, Bergkristall, Smaragd
Verdrängte Gefühle	Lapislazuli
Vergesslichkeit	Selenit, Smaragd, Fluorit, Diamant
Verkalkung	Chrysokoll
Vergiftungen	Malachit, Herkimer, Topas, Achat
Verletzungen	Smaragd, Hämatit, Carneol
Verletztheit	Rosenquarz, Kunzit, Peridot
Verspannungen, Hals/Nacken	Bergkristall, Chrysokoll, Aquamarin, Kunzit
Verständnis für andere	Sardonyx, Malachit, Citrin
Verstauchungen	grüner Calcit, Malachit, Hämatit
Verstopfung	roter Jaspis, Bergkristall, Magnesit, Peridot, Koralle, Karneol, Pyrit-Sonne, Jade, Achat
Verwirrung	Rhodonit, Selenit, Sodalith, Fluorit, Diamant
Verzweiflung	Rubelit, grüner Turmalin, Rauchquarz
Vegetative Dystonie	Smaragd, Turmalin, Rosenquarz
Viruserkrankung	Sugilith, Rhodochrosit, Rubin, Zirkon

Visionen	Aquamarin
Vitalität	Bergkristall, Smaragd, Diamant, Rubin
Völlegefühl, Blähungen	Rutilquarz, Peridot, Smaragd
Vorbeugung gegen Krebs	Wassermelonen-Turmalin

W

Wachstum:	
- Förderung	Calcit, Bernstein, Mondstein
- schmerzen	Bernstein, Malachit
Wadenkrämpfe	Hämatit, Bernstein, Amethyst
Wahnsinn	Diamant, Indigolith, Bernstein
Wahnvorstellungen	violetter Fluorit, Carneol, Peridot
Wahrnehmungen, fördern	Karneol, Amethyst, Azurit
Wärme und Behaglichkeit	Tigerauge
Warzen	Smaragd, Türkis, Lapislazuli, Koralle
Wasseradern	Rosenquarz, Schörl
Wasser:	
- ansammlungen (Ödeme)	Türkis, Aquamarin, Magnesit, Perle
- sucht, -stauungen	Amethyst, Mondstein, Lapislazuli, Kristall
Wechseljahre	Chalcedon
Weisheit, fördern	Opal
Weichteilrheuma	Bernstein
Weissfluss (Leukorrhoe)	Diamant
Welt-Realitätsflucht	Rauchquarz, Sodalith, Jaspis, Carneol
Wetterfühligkeit	Aquamarin, roterJaspis, Schneeflocken-Obsidian
Windpocken	Topas, Perle
Willensstärkung	Jaspis, Amethyst, Rubelit, Diamant, Fluorit
Wirbelsäule:	Bergkristall, Bernstein, Topas, Calcit
- allgemeine Stärkung	Bergkristall, Bernstein, Gold-Topas
- Ausrichtung, z.B. Polarisation	Magnetit, Bergkristall, Lavendelquarz
- entzündungen	Bergkristall, Calcit, Smaragd, Carneol, Pyrit
- verletzungen	grüner Calcit, Magnetit, Bergkristall
- Bandscheibenprobleme	Bergkristall, Calcit, Magnetit, Hämatit, Smaragd
Wunden	Hämatit, Malachit, Bernstein, Carneol
Wundsein	Aventurin, Aquamarin, Amethyst
Würmer	Magnesit
Wut, Zorn, Furcht	Amethyst, Gold-Topas, Rubelit, Chrysopras

Z

Zähne, stärken	Magnesit, Calcit
Zahnen, Kleinkinder	Bernstein
Zahnschmerzen	Bernstein, Aquamarin, Malachit
Zahnfleischentzündungen	Bernstein, Aquamarin, Malachit
Zeckenbisse	Malachit, Lapislazuli, Achat erwärmt, Amethyst

Zellen:	
- abnormes Wachstum	Azurit-Malachit
- bildung	Rubin, Bergkristall, Magnetit, Hämatit
- elastizität	Bänderachat, Wasser-Opal
- erinnerung	Feuerachat, Wasser-Opal
- erneuerung	Rhodonit, Granat
- störung	Sardonyx, Schörl, Rhodochrosit
- struktur	Indigolith
- teilung	Wasser-Opal, Bergkristall, Rubin
Zentralnervensystem	grüner Turmalin
Zentrieren	Granat
Zerrungen:	
- Bänder-, Muskel-	grüner Calcit, Hämatit, Rutilquarz
Zirbeldrüse	Gold-Topas, Blau-Topas, Bergkristall
Zirkulationsstörungen	Rubin, Turmalin, Amethyst
Zeitgefühl	Türkis, weisser Achat
Zwerchfell	Lapislazuli, Jaspis, Kupfer
Zysten	Aquamarin, Karneol, Schörl, Heliotrop, Azurit-Malachit

DIE ENERGIEZENTREN DES MENSCHEN
AUCH CHAKRAS GENANNT

CHAKRA-ÜBERSICHT UND IHRE BASIS-STEINE

ERSTES CHAKRA

ANDERE BEZEICHNUNG:	Auch Muladhara-Chakra oder auch Wurzel-Basis-Chakra genannt
PSYCHISCHE ZUORDNUNG:	Tatkraft, Nächstenliebe
POSITION:	Zwischen Anus und Genitalien. Dieses Chakra öffnet sich nach unten
KÖRPERLICHE ZUORDNUNG:	Anus, Rektum, Dick-, Mast- und Enddarm, Blut, Prostata, Zellaufbau und Beine
DRÜSE:	Nebenniere
FARBE:	Rot
EMPFOHLENE EDELSTEINE:	Hämatit, Granat, roter Jaspis, Heliotrop, Rubin oder andere rote Steine

ZWEITES CHAKRA

ANDERE BEZEICHNUNG:	Swadhisthana-Chakra, auch Sakral-Chakra oder Kreuzzentrum genannt
PSYCHISCHE ZUORDNUNG:	Beziehungen, Ausscheidungsvermögen
POSITION:	Oberhalb der Genitalien. Dieses Chakra öffnet sich nach vorne
KÖRPERLICHE ZUORDNUNG:	Beckenraum, Fortpflanzungsorgane, Nieren, Blase, Blut, Lymphe, Verdauungssäfte, Sperma
DRÜSE:	Keimdrüsen, Eierstöcke, Hoden, Prostata
FARBE:	Orange
EMPFOHLENE EDELSTEINE:	Carneol, Mondstein, oranger Achat, ausserdem weisser Chalcedon, Perle

DRITTES CHAKRA

ANDERE BEZEICHNUNG:	Manipura-Chakra, auch Solarplexus oder Nabelzentrum
PSYCHISCHE ZUORDNUNG:	Selbstwertgefühl, Umweltbewältigung
POSITION:	Etwa zwei Finger breit über dem Nabel. Dieses Chakra öffnet sich nach vorne
KÖRPERLICHE ZUORDNUNG:	Unterer Rücken, Magen, Leber, Milz, Gallenblase, Bauchhöhle, vegetatives Nervenzentrum
DRÜSE:	Bauchspeicheldrüse (Leber)
FARBE:	Gelb bis Goldgelb
EMPFOHLENE EDELSTEINE:	Citrin, Bernstein, Gold-Topas, Tigerauge, Rutilquarz und die Pyrit-Sonne

VIERTES CHAKRA

ANDERE BEZEICHNUNG:	Anathata-Chakra, auch Herzzentrum
PSYCHISCHE ZUORDNUNG:	Liebesfähigkeit, Harmonie, Reinigung
POSITION:	In der Höhe des Herzens, in der Mitte der Brust. Dieses Chakra öffnet sich nach vorne
KÖRPERLICHE ZUORDNUNG:	Herz, oberer Rücken mit Brustkorb und Brusthöhle, unterer Lungenbereich, Blut-und Kreislaufsystem und die Haut
DRÜSE:	Thymusdrüse
FARBE:	Grün, Rosa und Gold
EMPFOHLENE EDELSTEINE:	Farbe Grün: Aventurin, Malachit, Smaragd, Chrysopras, grüner Turmalin, Peridot, grüner Calcit, Moosachat, Jade, Chrysokoll Farbe Rot: Rubelit, Wassermelonen-Turmalin, Rosenquarz, Kunzit, Rhodochrosit, Koralle, Rhodonit

FÜNFTES CHAKRA

ANDERE BEZEICHNUNG:	Vihuddha-Chakra, auch Hals-Chakra, Kehl-Chakra oder Kommunikationszentrum
PSYCHISCHE ZUORDNUNG:	Ausdruck, Selbstverwirklichung
POSITION:	Zwischen Halsgrube und dem Kehlkopf. Dieses Chakra öffnet sich nach vorne
KÖRPERLICHE ZUORDNUNG:	Hals-, Nacken-, und Kieferbereich, Ohren, Stimme, Luftröhre, oberer Lungenbereich, Speiseröhre, Bronchien und Arme
DRÜSE:	Schilddrüse
FARBE:	Blau, Hellblau bis Grün-Blau
EMPFOHLENE EDELSTEINE:	Türkis, Chalcedon, Aquamarin, Chrysokoll, blauer Topas, blauer Turmalin

SECHSTES CHAKRA

ANDERE BEZEICHNUNG:	Ajna-Chakra, auch Stirn-Chakra, Drittes Auge oder Befehlszentrum
PSYCHISCHE ZUORDNUNG:	Intuition, Nächstenliebe
POSITION:	Einen Finger breit über der Nasenwurzel. Dieses Chakra öffnet sich nach vorne
KÖRPERLICHE ZUORDNUNG:	Gesicht, Augen, Ohren, Zentrales Nervensystem, Nebenhöhlen, Kleinhirn, Nase
DRÜSE:	Hirnanhangdrüse (Hypophyse)
FARBE:	Indigoblau, Violett
EMPFOHLENE EDELSTEINE:	Sodalith, Azurit, Lapislazuli, Saphir, Falkenauge

SIEBTES CHAKRA

ANDERE BEZEICHNUNG:	Sahasrara-Chakra, Kronen-Chakra, Scheitelzentrum
PSYCHISCHE ZUORDNUNG:	Höheres Bewusstsein
POSITION:	In der Mitte oben auf dem Kopf. Dieses Chakra öffnet sich nach oben
KÖRPERLICHE ZUORDNUNG:	Grosshirn
DRÜSE:	Zirbeldrüse (Epyphyse)
FARBE:	Violett, auch Weiss und Gold
EMPFOHLENE EDELSTEINE:	Amethyst, Fluorit, Sugilith, Diamant, Charoit, Thulit, Spinell, Turmalin

EDELSTEINE, DIE AUF ALLE CHAKREN WIRKEN:

Bergkristall, Rutilquarz, Turmalinquarz. Der Bergkristall eignet sich besonders zur Belebung und Reinigung aller Chakren.

NEBEN-CHAKREN

HAND-CHAKRA

POSITION:	In der Mitte der Innenhand
FARBE:	Weiss
EMPFOHLENE EDELSTEINE:	Bergkristall

BEIN-CHAKRA

POSITION:	Am besten vor den Fuss legen.
FARBE:	Schwarz
EMPFOHLENE EDELSTEINE:	Onyx, Obsidian, Hämatit

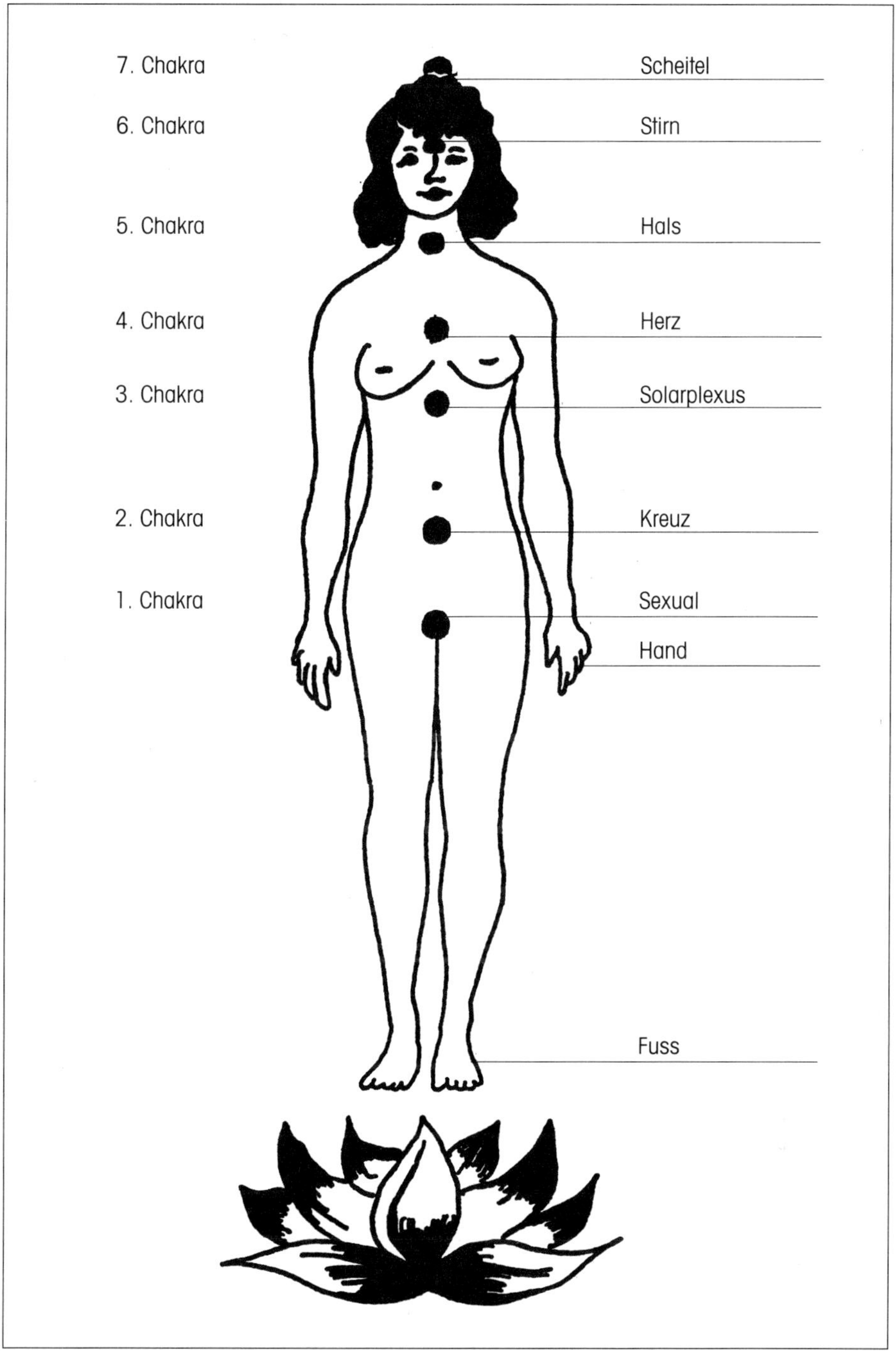
7. Chakra
6. Chakra
5. Chakra
4. Chakra
3. Chakra
2. Chakra
1. Chakra
Scheitel
Stirn
Hals
Herz
Solarplexus
Kreuz
Sexual
Hand
Fuss

ANWENDUNG

Legen Sie sich entspannt hin, plazieren Sie die von Ihnen ausgewählten Edelsteine auf die einzelnen Chakren. Für das Wurzel-Chakra können Sie den Stein vor den Damm legen, für das Scheitel-Chakra über dem Kopf auf den Boden.
Wenn ein Edelstein eine natürlich gewachsene Spitze aufweist, sollte diese immer zum Körper hin weisen. In einer völlig entspannten Haltung lassen wir die Schwingungen der Edelsteine für zirka 20 Minuten auf uns einwirken. Entspannende Musik kann diese Erfahrung noch unterstützen. Nach dem Entfernen der Edelsteine ist es von Vorteil, noch einige Minuten länger liegen zu bleiben. Nach der Chakra-Anwendung sollten Sie die Steine während einiger Zeit unter fliessendem Wasser gut entladen.

AUSWAHL DER STEINE

Oft wird mir folgende Frage gestellt: Welcher Edelstein passt oder gehört zu mir? Dazu möchte ich folgendes sagen:
Lassen Sie für einmal Ihr Gefühl, Ihre Augen und nicht Ihren Verstand sprechen. Der Stein, der zu Ihnen gehört, wird sich von selbst bemerkbar machen. Eine weitere Möglichkeit ist der Wärmetest. Nehmen Sie mehrere in Frage kommende Steine in die Hand. Diejenigen Steine, auf die Ihr Körper reagiert, werden sofort warm. Kalte Steine sollten Sie niemals einsetzen.

GEDULD, HOFFNUNG UND ZUVERSICHT

Für jeden, der sich von den Kräften der Edelsteine wirklich helfen lassen möchte, ist die Anwendung und der Gebrauch der Steine entscheidend. Nicht alle Situationen verlaufen ganz genau gleich, bei den einen sehr schnell, bei den anderen recht harzig. Wichtig scheint mir, die Geduld zu üben, Hoffnung und Zuversicht zu haben. Je regelmässiger, disziplinierter und konsequenter wir die Anwendungen ausführen, um so stärker wird die Aufnahmebereitschaft des Körpers. Mit jeder Anwendung öffnen sich die Chakren mehr und mehr. So werden Sie immer zugänglicher und aufnahmebereiter für die Edelsteine und ihre sanften Energien.
Ein kranker, unterversorgter Körper wird so von neuen, kraftvollen Energien durchströmt. So können Sie Ihren Körper gesunden lassen. Aber denken Sie daran: Gesund werden kann man nur, wenn man es auch will. Ändern Sie Ihre ganze Einstellung und versuchen Sie positiv zu denken und zu leben. Wenn Ihnen die Edelsteine Hilfe gebracht haben, danken Sie bitte auch dafür. Es ist eines der natürlichsten, kraftvollsten Geschenke vom Schöpfer und der Mutter Natur.

INDEX

Ganz zum Schluss möchte ich meinen Dank aussprechen an alle, die mir mit Rat und Tat bei der Schaffung dieses Buches zur Seite gestanden haben. Ein ganz besonderer Dank gehört meinem Mann, der immer Geduld und aufmunternde Worte fand, wenn mich der Mut zur Vollendung dieses Buches zu verlassen drohte.

Ebenso meiner Assistentin Irene und ihrer Mutter – *wieviel Arbeit wäre liegen geblieben, wenn Ihr Zwei nicht so toll gearbeitet hättet!* All meinen Freunden und Bekannten ein herzliches Dankeschön! *Ohne Euren Ansporn hätte ich es nie geschafft.* Ganz speziellen Dank an Hanspeter und seine Frau Caroline für die Geduld, aber auch für den enormen Zeitaufwand, *den Du, lieber Hanspeter aufgebracht hast,* um dieses Werk zu vollenden.

Und im speziellen danke ich meiner und unserer werten Kundschaft für ihr Vertrauen und ihre Treue. Ich hoffe, dass ich weiterhin auf Sie alle zählen kann. Es wird in absehbarer Zeit ein zweites Werk geben mit den restlichen Erläuterungen und mit weiteren Edelsteinen.

Mit «steinhartem Gruss»

Edith Schaufelberger-Landherr

ab Mai 2004 je ein Rosenquarz auf [illegible]
+ [illegible] Brustwarze für 20' gelegt